「バカ」の研究

Psychologie
de la
Connerie

ジャン＝フランソワ・マルミオン 編
田中裕子 訳

AKISHOBO

「バカ」の研究

Column

はじめに：警告

この門をくぐる者は
いっさいの希望を捨てよ

「良識はこの世でもっとも平等に分け与えられているものだ」と、一七世紀の哲学者、デカルトは言った。では、「バカ」はどうだろうか？

じわじわとにじみ出たり、ぽたぽたと滴ったり、さらさらと流れたり、波のように押し寄せたりしながら、バカはわたしたちを侵食する。バカはあらゆるところに現れ、境界や限界がない。我慢できるくらいにほんの少しだったり、うんざりするほど次々と現れたり、地震のように激しく揺さぶったり、強風のように突撃してきたり、津波のように襲いかかったりしながら、バカはいつもわたしたちを呆れさせ、打ちのめし、混乱させ、傷つける。さらにひどいことに、わたしたちもいつバカになるかわからない。わたし自身もそれについてはまったく自信がない。

存在の耐えられない重さ

わたしたちはみな、毎日ほぼ例外なく、バカなことを見たり、読んだり、聞いたりしている。それと同時に、自分もバカなことをしたり、思ったり、考えたり、言ったりしている。わたしたちは誰もがいつでもバカになりうる。だが、時折少しだけバカになるくらいなら、たいしたことにはならない。バカだったと自覚し、反省さえすればよい。人間は誰でも間違いをおかすのだから。やってしまったことを認めさえすれば、半分は許されたことになる。ところが、わたしたちが誰かにとってのバカになった時、それに気づける人は少ない。また残念なことに、多くのよくいるありきたりのささいなバカのなかには、ハイレベルでトップクラスの大バカ野郎も紛れこんでいる。たいていの職場や親族にいるこうした大バカ野郎の言動は、そのままスルーできるほどささいなものではない。その常軌を逸する愚かな言動、理不尽で意味不明な傲慢さに、わたしたちは途方に暮れ、嘆き、苦しむ。大バカ野郎は、自分の主張を決して曲げず、他人の意見に聞く耳を持たず、こちらの感情を無視し、尊厳を傷つける。そのせいでわたしたちはすっかり意気消沈し、この世に正義などないのではないかという気持ちにさせられる。大バカ野郎は、ごくわずかに持ちうる思いやりの心を最大限に発揮したとしても、決して他人の存在を認めようとしない。

バカは約束を守らない。暗黙の了解を裏切り、誓いを破り、人情に背く。バカは愚かだ。動物以下だ。こちらが相手を尊重し、友人になろうと努めても、バカはそれに値しないことを平気でする。仲間になどなれない。つける薬もない。「盲人の国では片目の者が王さま」ということわざのように、自分が一番正しくて偉いと信じている。これはまさに悲喜劇だ。たとえばゾンビが、そのまやかしの姿、知的虚無、生者を自らと同レベルまで貶めようとする強い根源的な衝動によって、英雄や善人をも幻惑し、ゾンビ化してしまうのは少しも驚くに当たらない。結局のところ、バカもゾンビと同じように、わたしたちをバカ仲間に引き入れようとしているのだ。作家のジョルジュ・ベルナノスが言うように「落伍者はあなたを決して取り逃さない」だろう。とりわけ、知性が高く、教養があるバカには要注意だ。読書から得た知識を武器にして、一冊の本、ひとつのイデオロギー、あるいは偉人（バカだったりそうでなかったりする）の発言の引用などを盾に、多くの書物を焚書にし、その著者を弾圧する。

疑いは人を狂わせ、確信は人をバカにする

大バカ野郎は、予告なく、徹底的に、情状酌量の余地なく、わたしたちを糾弾する。他人をうわべだけで判断したり、偏見に満ちた目で見たりする。美徳、礼儀作法、敬意に反するとして、わたしたちをとことん嘲弄し、まわりにバッシングさせようとする。バカは群れをなして

狩りをし、集団で思考するのだ。歌手のジョルジュ・ブラッサンスはこう歌う。

「複数形は人間にとって何の価値もない。四人以上集まったら、それはバカの集まりだ」

そして、こうも言う。

「高潔な理想など持たない者に栄光あれ！　隣人にあまり迷惑をかけないくらいの理想でちょうどいい」

ところがバカは、どうやら隣人に迷惑をかけずにはいられないらしいのだ。

バカはわたしたちを苦しめるだけでは飽き足らず、自らの素晴らしさを誇示しようとする。バカは決してブレない。ためらいなど一度も感じたことがない。絶対に自分が正しいと信じて疑わない。そのおめでたさには、ほとほとうんざりさせられる。自らの確信を、大理石に刻まれたように確固たる真実だと思いこんでいるが、実際は砂の上に築かれた城のようにもろい知識にすぎない。ニーチェは「人を狂わせるのは疑いではなく、確信だ」と言ったが、わたしはむしろこう言いたい。「疑いは人を狂わせ、確信は人をバカにする」。どちらを選ぶかは本人次第なのだ。バカはわたしたちより物知りだ。わたしたちがどう考え、どう感じ、何をすべきか、誰に投票すべきかさえ知っているらしい。わたしたちがどういう人間で、何がわたしたちにとってよいことか、わたしたち以上にわかっているらしい。もしバカの言うことに反論でもしようものなら、相手はこちらをさげすみ、ののしり、直接的または間接的に傷つけるだろう。そして「きみのためを思って言ってやってるのに」と、のたまう。もし自らが罰せられる可能性がゼロだと知れば、大いなる理想のためという名目を掲げて、バカはわたしたちのようなくだらない屑などすぐに息の根を止めようとするだろう。

もしそこで正当防衛などすれば、相手の罠にはまってしまう。バカを説得しようとしたり、考えを改めさせようとしたりしても無駄だ。必ずこちらが負けてしまう。たとえば、バカを更生させるのが自らの義務だと、あなたが信じたとする。その時のあなたは、バカがどのように考え、行動すべきか、わかっているつもりになっているだろう。あなたと同じようにするのが正しいと思いこんでいるだろう……でもほら、実はその考え方こそがバカなのだ。これでとうとうあなたもバカの仲間入り。その上、世間知らずだ。相手に勝てると思いこんでしまっているのだから。さらに悪いことに、相手を更生させようとすればするほど、バカはますますレベルアップする。「自分は不当に妨害された被害者だ」、「やっぱり自分は正しかったのだ」と、バカを喜ばせてしまうだけだ。「自分は反体制派のヒーローで、レジスタンス運動家で、人々の同情と尊敬に値する人間だ」と、思いこませてしまう。そうなったらもう、わたしたちは自らの呪われた不運におびえるしかない。バカを改心させようとして、そのもくろみに失敗しただけではなく、バカをいっそう肥大させ、自分自身もバカになり下がってしまったのだ……。結局、ミイラ取りがミイラになり、バカをひとり増やしただけだ。戦えば戦うほど、バカはますます強大になる。攻撃されるたびにより残忍になるモンスターと同じだ。

バカの黙示録

つまり、バカは決して衰えないのだ。指数関数的に増えていく。昨日より今日、今日より明日は、もっと強くなっていく。今がバカのピークで今後は衰退していくのだろうか？ それとも、この状況はしばらく変わらないのか？ 文献を遡ると、あらゆる時代の賢人たちも同じように自問していたようだ。賢人たちの感覚がまともだったからか、それとも、彼らはすでにその時代の老害だったからか？ だが現代では、これまでの時代とは明らかに異なることがひとつある。ひとりのバカとひとつの赤いボタンさえあれば、世界中を巻きこんでバカを消滅させられるのだ。古参の仲間たちによって死刑執行人にまつりあげられた、ひとりのバカさえいればよい。

現代における大きな特徴がもうひとつ。これほどまでにバカがあちこちに溢れていて、みな堂々としていて、ずうずうしくて、群れを作っていたことは、いまだかつてなかった（そしておそらくこの傾向は今後も強化される）。虚栄心、ナルシシズム、空疎な精神、高飛車な態度などがどんどん目立つようになってきている。つい、自分たちの同胞のありさまに絶望し、人生に対して諦念を抱きたくなる。この機会に、第二のエラスムスが現れて、新版『痴愚神礼讃』を書いてほしいものだ（ただし、一四〇もの愚行を一気に掲載するのは勘弁してほしい。頭痛がしそうだから）。

あるいは、第二のルクレティウスが現れて、新版『事物の本質について』を書いてくれてもいい。大波に呑まれて沈没しそうな帆船の上で、バカたちが大声で叫び、甲板を走りながら助けを呼んでいる。それを岸辺で眺めている人は、心の底からの安堵、そしておそらく喜びを感じている……そんなようすを、ぜひとも書いてほしいものだ。結局のところ、攻撃的で自己中心的なバカ同士が争っているのをただ眺めていることほど、甘美で味わい深いものはないのだ。賢人同士は話し合うが、バカ同士は衝突し合う。もしそこで、自分は決して当事者にはなるまいと決意し、常に傍観者であろうと努め、バカの影響なんてまったく受けていないと自負し、彼らがぎゃあぎゃあ騒いだりイライラしたりめそめそしたりじたばたしたりするのを他人事としか思わないとしたら、かなり軽率だとは思うが、まあ、事実なら立派なことだ。だが、あまり調子に乗らないほうがよいだろう。もし高みの見物をしているのが相手にバレたら、とんでもない目に遭うからだ。家畜の群れから逃げだせば、捕らえられてと畜場へ連れていかれる。だからオオカミの群れと一緒に遠吠えをし、羊の群れと一緒にメエと鳴くしかない。付和雷同し、決して目立たないようにしなくてはならない。単独行動などもってのほかだ。バカたちは無実の者に罪を被せようとするからだ。そして、言うまでもないことだが、もしあなたが本当に自分は賢いと信じ、平均的な人間より優秀だと自負しているとしたら、やがて運命の審判が下されるだろう。あなたはおそらく、自分が気づかないうちに立派なバカになっている。

これほどさまざまなバカがあちこちに蔓延する惨憺たる状況で、こうしてバカを考察してみせると主張するのは、それこそまさにバカげた行為だろう。こんなテーマに首をつっこむなんて、よっぽどうぬぼれているか、相当の世間知らずか、かなり軽率であるかにちがいない。そんなことはわたしだって百も承知だ。だが、誰か勇気のあるバカがチャレンジしなくてはならないのだ。うまくいけば、その試みは笑いものにされる程度で済むだろう。笑いものにされるくらいなら一向にかまわない。だが、本気でバカだと思われるのは……うーむ、ちょっと困る。バカの汚名は一生つきまとうからだ。そもそも、その汚名のせいでわたしたちは葬り去られるだろう。あとは、墓のなかまで追いかけてこないことを願うばかりである。

最後にこれだけは言わせてほしい。バカに関するこうした考察は、バカだけでなくアホやまぬけにも有効だ。性別、年齢、社会的立場も問わない。あらゆるタイプのバカ、アホ、とんま、まぬけ、うすのろ、脳たりん、おたんこなす、ぼんくら、抜け作、とんちんかん、ふぬけ、ボケ、たわけ、愚鈍、愚者、痴人、おたんちん、たわけ、あんぽんたん、ドジ、パッパラパー……本書『バカの研究』は、こうしたすべての人たちにスポットライトを当てている。これはあなたたちのための本だ。ただし、あなたたちは自分のことだと気づかないかもしれないが……。

あなたの忠実なバカ
ジャン＝フランソワ・マルミオン

バカについての科学研究

セルジュ・シコッティ

心理学者、ブルターニュ・シュッド大学客員研究者。著書に『急いでいるときにかぎって信号が赤になるのはなぜ?』神田順子、田島葉子訳(東京書籍、2006年)などがある。

「バカは主張し、知識ある者は疑い、賢明なる者は考える」

アリストテレス……と、セルジュ・シコッティ

バカを科学的に研究できるか、だと？　ずいぶんと挑発的な問いかけだ。そうだな、「バカげた研究」なら存在する。アメリカの心理学者、マラ・シドリによる論文「不安を口に出せないことに対する防衛手段としてのオナラ」〔邦訳：『イグ・ノーベル賞』阪急コミュニケーションズ〕がよい例だ。[*1] あるいは、社会的にはまったく役に立たない、ちっぽけな自己満足にすぎない「バカげた職業」というものもある。[*2] だが、「バカについての研究」はどうだろうか。

確かに、心理学を科学の一分野とみなせば、バカはかなりきちんと研究されており、多くの文献も残されている。そういう意味では、先の問いに対する答えはイエスだ。バカは科学的に研究されうる。だが、さらに一歩進んで考えると、バカについての研究とは、結局のところ、人間についての研究にほかならない。したがって、人間を対象としたさまざまな研究結果から関連するものをピックアップすれば、バカの姿をあぶり出すことができるだろう。かなり正確にバカの本質がわかるはずだ（おっちょこちょい、トラブルメーカー、注意力や知性が少し足りない者、など）。さらに、自己中心主義者、乱暴者、はた迷惑なナルシシスト、他人の気持ちがわからない冷血漢、といった大バカ野郎たちの実態も判明するだろう。

注意力に欠けているバカ

あらかじめ断っておくが、心理学において「バカ」という研究対象が存在するわけではない。むしろ、「人間はどうして時折バカみたいな言動を行なってしまうのか」という疑問が研究テーマとされる。

〈スクリプト〉〔心理学における一連の手続き的知識〕に関する研究によると、[*3]「人間はまわりの状況をあまりよく考えずに行動する」傾向があるという。いつもの自分がいつもの状況で行なっている言動を、自動的に、ルーチンとして、いつでもどこでも行なってしまう。だからこそ、こういうことが起こりうる。

「こっちがめそめそ泣いてる時に、『やあ、元気?』って言ってくるバカがいるけど、あれって何なの!?」

同様に、たった今見たばかりなのに、またすぐに腕時計に目をやるバカもいる。時間を知りたい時、わたしたちは腕時計に目をやる。それは自動的な手続き、つまり〈スクリプト〉だ。この時、わたしたちは自らの行動にほとんど注意を払わない。何かを実行するのに注意力をほとんど使わずに済むメカニズム、それこそが〈スクリプト〉なのだ。そうやって、目の前のことに集中しなかったり、別のことを考えていたりするから、結局は何も見えておらず、情報も頭に入ってこないので、二度も時計を見るはめになる。まったくバカげている。

注意力に関する研究では、「人間は変化に気づきにくい」という結果も出ている。[*4] しかも、かなり大きな変化なのに気づかないことがあるという。だからこそ、こういうことが起こりうる。

「ダイエットして一〇キロもやせたっていうのに、全然気づかないバカがいるけど、あれって何なの⁉」

また、〈コントロール幻想〉〔自分の力が及ばないことなのに自分で制御できると思いこむこと〕に関する研究によると、[*5] こういうこともありうる。

「急いでるからってエレベーターのボタンを執拗なまでに連打するバカがいるけど、あれって何なの⁉」

さらに、社会心理学における〈社会的影響〉〔他人に同調したりされたりすることで働く集団力学〕に関する研究によると、こういうことも起こりうる。

「誤って行き止まりの道を進んでしまった車の後を、のこのこついてくるバカな車があるけど、あれって何なの⁉」

「クイズ番組の『地球のまわりを回ってるのは月と太陽のどっち？』みたいな超簡単な問題で、客席投票《オーディエンス》を選択するバカな解答者がいるけど、あれって何なの⁉」

時に人間は、合理性や真理から遠ざかってしまうことがある。結局のところ、究極のバカとは、研究結果の平均からもっとも遠いところにいる人間なのだ。一般的に、バカはものの見方が単純だ。だから、桁の大きな数字、平方根、複雑な現象を苦手とする。ガウス曲線の両端しか理解できない。スターリンもこう述べている。

「数千人の兵士の死は統計で、ひとりの兵士の死は悲劇だ」

確かに、どんな人でも、数字の羅列にすぎない研究結果より、エピソードのほうにより心を動かされるだろう。だが、バカはエピソードに必要以上にのめりこむ。そして、「ビルの四〇階から落ちたのに死ななかった人を知ってるわ！」と言って興奮するのだ。ただしこれは、民間テレビ局二社で報道されていたニュースで、本人の知り合いでも何でもないのだが。

何でも信じたがるバカ

信念に関する研究によると、わたしたちは「この世界は公正だ」という信念を抱きがちだという（〈公正世界信念〉[*6]）。「すべての正義は報われ、すべての罪は罰せられる」という考え方だ。これはおそらく世界でもっとも支持されている信念のひとつであり、とくにバカによって熱狂的に信じられている。

「ねえ、あの子、強姦されたんだって？　でもまあ、あんな服装してたらねえ……」

バカにとってみれば、被害者は天罰を受けたことになる。さらに大バカ野郎は、貧しささえも天罰とみなし、「あのくそ貧乏人めが」と言ってバカにする。

　バカは信じる力に長けている。陰謀論、月の満ち欠けの心身への影響、犬にも効くとされるホメオパシー療法……ありとあらゆることを信用する。こんなこともあった。二〇一七年五月二八日、国道Ａ４号線を数キロにわたって、無人のまま走りつづけたバイクの映像が確認された。[*7] 途中で運転手がバイクから転倒してしまったのだ。それを見たバカたちは「幽霊のせいだ」と噂した。少しでも頭がよければ「ジャイロ効果だ」とわかるのだが……。実際、ある研究では「知性が高い人ほど神の存在を信じない」という結果が出ている（〈知性と信仰心の相関関係〉[*8]）。どうやら、神秘的なことを信じる能力とノーベル賞を獲る能力は、負の相関関係にあるらしい。

　信念についてもうひとつ。ある研究によって、[*9]「去年《こぞ》の雪いまは何処[*10]」で唄われる年寄りバカが、なぜ存在するかが明らかになった。人間は歳をとるにつれて、嫌な思い出が記憶から消えていき、よい思い出だけが残るのだという。つまり、年齢が高くなるほど、過去のよいことばかりを思いだすようになる。だから年寄りバカは「昔はよかった」とよく言うのだ。

　多くの研究結果によると、わたしたちが時折非合理的になるのは、まわりの状況を自分でコントロールしたいという欲求からきているという。人間だけでなく、すべての生物が同じ欲求を持っている。玄関のチャイムが鳴るたびに、犬が飛びだしていくのもそのよい例だ（犬のための来客などあるはずがないのに）。人間の場合、そのせいで非常にバカげた行動に出ることがある。占いに頼るのもそのひとつだ。フランスには、自称占い師がおよそ一〇万人いるという。その年商の合計は三〇億ユーロを下らない。研究結果によると、そのうちひとりとして真の才能を持っている人はいないようだが、それでも莫大な利益を手に入れているのだ。フランスの人口のうち、女性の二〇パーセント、男性の一〇パーセントが、人生のうちで少なくとも一度は占い師に頼っているという。どうやら自称占い師のほとんどが、その詐欺まがいの商売をまったく恥じてはいないらしい。そして顧客のほうも、バカげた商売をするバカのところへいそいそと出かけていくのだ。

まわりをコントロールしたいという欲求は、まわりをコントロールできているという幻想を生みがちだ。とりわけ、バカはその傾向が強い。[*11] こうした幻想は、車の運転時に顕著に現れる。だがそのせいで恐怖を味わうのは、運転手本人より助手席に座った者だ。バカは、助手席に座っている時は眠くならないのに、運転席に座った途端に眠気をもよおす。

バカは、六の目を出したいがために、渾身の力をこめてサイコロを振る。バカは、ロトの番号を自分で選びたがる。バカは、犬のフンの上を歩くのは「ウンがつく」ので嫌がらないが、「キリスト教の三位一体の冒瀆だ」と言って壁に立てかけたハシゴの下を歩きたがらない〔壁とハシゴと床の間に三角形ができるため〕。バカは、自分にはすべてを見通す力があると思いこんでいる。ロトを当てたら、きっとこう言うだろう。

「六日間連続して、数字の六が夢に出てきたんだ！　六×六で四二だろう？　だから四二を選んで、そしたら当たったんだよ」

この点に関して、バカは精神的に健康であることは間違いない。なぜなら、心の病を患っている人はこの手の幻想を抱きにくいからだ。[*12]

あなたの仕事についてあなたに説明しようとするバカ

多くの研究によると、バカはかなり高い頻度で自己評価を一定レベルに維持するテクニックを駆使するという。〈偽の合意効果〉〔他人は自分と同じように考えるとみなす認知バイアス〕に関する研究結果によると、[*13]わたしたちは、自分と同じ悪習を持つ人間の数を誇張する傾向があるらしい。だから、バカに一時停止違反を指摘するとこう逆ギレされるのだ。

「こんなところで一時停止する人なんて誰もいないわよ！」

バカはしょっちゅう〈後知恵バイアス〉〔物事が起きてからそれが予測可能だったと考えること〕を発揮する。友だちに子どもが生まれると、バカはこう言う。

「やっぱりね、男の子だと思ってた」

テレビを見ながら、バカはこう言う。

「ほらね、マクロンが大統領に当選すると思ってたよ」

さらに、バカはあなたに向かって時折こう言う。

「ほら、そう言うだろうと思ってた！」

バカは嘘つきなのか？　予言者なのか？　いや、どちらでもない。バカは、本当はそうではないのに情報通であるふりをして、「知っていた」と言うのだ。だが、バカ本人に対してそんなことを言ってはいけない。「そんなことない」と、真っ向から否定されるに決まっている。

自己評価を一定レベルに維持するために、わたしたちは自らの能力を実際より高く見積もる傾向がある。ある心理学研究によると、さまざまな分野において、多くの人が自分を平均値より少し上程度にみなしているという。その一方で、たとえば「知性」において、自己評価が低すぎる「おバカさん」もいる。お人好しで、自信がないのが玉に瑕《きず》だが、素直で、謙虚で、控えめといった長所もたくさん備えている。それでもまわりから「おバカさん」と言われるのは、まわりの人間にいいように利用されてしまうからだ。その逆に、自己評価が驚くほど高い、自信過剰の「大バカ野郎」もいる。社会にとってはこちらのほうがよっぽど迷惑だ。なぜなら、海で溺れたり、スキー場のコース外に出て遭難したりするのが、この手のタイプだからだ。まあ、たいていの場合は、車をうまく運転する自信がありすぎる程度にとどまっているようだが。

こうした傾向に、さらに〈自己中心性バイアス〉〔自分の知識を基準にして他人の心理を判断すること〕がかかると、[*14] 自分をバカだとわからない大バカ野郎になってしまう。大バカ野郎にとって、三回離婚した原因は三人のバカな元妻（夫）が悪いからで、仕事に失敗したのは同僚がみんな能なしだからなのだ。子どもの頃は「くさいのは自分の足じゃない、靴下のせいだ」と文句を言い、大人になってからスピード違反で捕まると、「運が悪かった」と愚痴を言う。当然起こりうる結果に対して、ふつうは「運が悪い」とは言わないことを、大バカ野郎は理解できないのだ。

アメリカの社会心理学者、デイヴィッド・ダニングとジャスティン・クルーガーに、「能力が低い人はそのことに気づかない」というタイトルの研究論文がある。わたしはこれは「あなたの仕事についてあなたに説明しようとするバカに関する研究」とすべきだったと思う。そうしなかったのは、おそらくそんな変なタイトルでは科学専門誌に掲載してもらえないと思ったのだろう。だが、ふたりの研究内容はまさにこのとおりだ。能力が低い人ほど自分を過大評価し、他人に平気でその価値観を押しつける。だからこそ、バカは一度も犬を飼ったことがないくせに、犬を飼っている人にしつけのしかたをアドバイスしようとするのだ。この〈優劣の錯覚〉という認知バイアスは、ある一定の状況において、自らの真の能力を認識できなくなる現象を指す。それだけではない。ダニングとクルーガーによると、[*15] 能力が低い人は自分を過大評価するだけでなく、能力が高い他人を過小評価する傾向もあるという。

ふたりの研究のおかげで、わたしたちは日常のさまざまな出来事に合点がいくようになるはずだ。なぜバカな客はプロの料理人に対して、「料理とは」と長々とうんちくを傾けるのか。わたしたちがなくし物をした時、「おい、よく考えろ、最後にそれを見たのはどこだ?」と言うバカが必ずいるのはなぜか。バカはいつも、さもわかったような口をきく。

「弁護士になるのなんて簡単さ。法律を暗記すればいいんだから」

「禁煙？　その気になれば誰だってできるよ」

「飛行機のパイロット？　まあ、バスの運転手のようなもんだな」

そしてバカは、量子物理学の難解な講義を受けながら、何ひとつ理解できなかったにもかかわらず、講師に対して「まあ、そういう考え方もありますね」と、平然とのたまうのだ。

さらに、ダニングとクルーガーによると、謙虚な人ほど選挙の時に投票に行かない傾向が強いのだという。

「だって、わたしって経済音痴だし、地政学や社会制度のことなんて何も知らないし、選挙公約だってどれがいいか決められないし、どうしたらフランスがよくなるかなんて、さっぱりわからないんだもの」

その一方で、バカは飲み屋で集まった友人たちに向かって得意げにこう言う。

「今の経済危機からどうしたら抜けだせるかって？　おれにはわかるぞ」

だが、多くの研究結果によると、アジアの国々では、こうした〈ダニング＝クルーガー効果〉と真逆の現象が起きているという。[*16] アジア人は自らの能力を過小評価する傾向が強いらしいのだ。とくに極東の国の人たちは、欧米人のように能力をひけらかさず、自分は何でもできると自慢したりしない。

バカを探し当てるレーダー

　バカとはどういうものかを定義する研究結果は、ほかにもごまんとある。だがここでは、その集大成ともいえる〈シニシズム的不信〉を最後に挙げておこう。シニシズムとは、人間の性質と行動について否定的な信念を抱くことだ。わたしたちは誰でもみなこの種の不信を抱きがちだが、バカ、あるいは大バカ野郎は、並はずれて深くこれにとらわれる。[*17] とくに大バカ野郎は、現代社会や政治に対してシニカルになりがちだ。試しに何でもいいからバカに尋ねてみよう。自らの考えを、単語を並べただけの短文で言い表すはずだ。

「そんなの全部ダメさ」

「オービス？　あんなの、脅し、カツアゲ、無意味だよ」

「心理学者？　詐欺師ばかりさ」

「ジャーナリスト？　みんなごますりよ」

　バカにとって、まじめな人間はみな臆病者なのだ。だが、バカは何もかもうまくいかない暗い生活を送っている。ある研究結果によると、シニカルなバカは非協力的で疑い深いため、社会でステップアップする機会を逃してしまい、平均以下の収入で細々と暮らしている者が多いという。

結局のところ、「バカ」とは、心理学研究によって証明されたさまざまな〈傾向〉や〈バイアス〉が極端に誇張されている人物をいうのだ。そして、そうしたさまざまな〈傾向〉や〈バイアス〉をすべて併せ持つ人物こそが「キング・オブ・バカ」、バカの王様だ。地球史上最強の大バカ野郎と言っていいだろう。

さて、ここで冒頭の問いかけに戻ろう。あのバカげた……いや、重要な問い、「バカを科学的に研究できるか？」だが、むしろ「どうして世の中にはこんなにバカがたくさんいるのか？」と考えるべきではないだろうか。試しに、「このバカ野郎！」と路上で怒鳴ってみるとよい。通りかかったほぼ全員が、「おれのこと？」「わたしのこと？」という顔でこちらを振り返るはずだ。その理由は、これもまたやはり心理学の研究結果に見いだせる。しかも複数ある。

どうして世の中にはバカがたくさんいるのか。第一に、わたしたち人間には元々バカを探し当てるレーダーが備わっているせいだ。これを〈ネガティビティ・バイアス〉[*18]という。わたしたちは、ポジティブなものより、ネガティブなものにより注意を向け、関心を抱き、重要視する傾向がある。そのせいで、最悪の場合、他人に対して偏見を抱いたり、先入観を抱いたり、固定観念を持ったり、差別をしたりする。そこまでひどくなくても、たとえばパートナーが部屋の掃除をしてくれても、汚れが残っているところばかり気になって、きれいになっているところには目もくれなかったりする。つまりこの〈ネガティビティ・バイアス〉のせいで、さまざまなタイプの人間がいるこの社会において、頭のよい人ではなくバカばかりが目についてしまうのだ。さらにこの〈ネガティビティ・バイアス〉のせいで、わたしたちはネガティブな出来事に見舞われると、その裏に隠れた別の原因を探ろうとしてしまう。たとえば、家の中で探し物をしながら「なくしたのは自分じゃない。ほかの誰かだ」と思いこみ、こう言うのだ。

「おれのあれを最後に使ったのは誰だ？　どこに置いたんだ？」

仕事で大きなミスがあった時も、わたしたちは別の原因を探ろうとする。そしてこう思うのだ。

「すべてが台なしだ。それもこれも、あの大バカ野郎が悪いんだ」

さらに、世の中にバカがたくさんいると感じる理由がもうひとつある。ある研究結果によると、わたしたち人間は〈根本的な帰属の誤り〉〔他人の行動を判断するのにその人の気質や性格を重視しすぎること〕に陥りやすいという。[*19] ある人が行なった言動は、本人の性格によるものだとして、その時の状況などの外的要因があるとは考えない。そして多くの場合、きっぱりとこう断言する。

「あいつはバカだ」

だから、猛スピードで追い越していった車を見て「あの運転手はバカだ」と思い、学校で大ケガをした子どもを慌てて迎えにいくのだとは考えない。二時間経ってもラインの返信がない友人に対して「何を怒ってるんだろう」と思い、電波が届かないところにいるとは考えない。部下が資料を提出しないと「あいつ、怠けやがって」と思い、部下が膨大な仕事を抱えて身動きができないとは考えない。自分の問いかけに対して教師の返事がそっけないと「この先公はバカだ」と思い、自分の質問がくだらなかったとは考えない。このメカニズムのせいで、わたしたちは「この世の中はバカばかりだ」と思いこんでしまうのだ。

以上のように、世の中にバカがたくさんいるとわたしたちが思いこむ原因は、少なくともふたつはあるのだ。

知性が高いバカ

イヴ＝アレクサンドル・タルマン

自然科学博士、心理学者、フリブール・サン・ミシェル学院教授。著書に『頭がいい人たちがバカげたことをするのはどうして？』（2018年）、『誰にでも幸せになる二度目のチャンスがある』（2018年）、『あなたの脳をうまく動かす方法』（2016年）などがある（いずれも未邦訳）。

バカ、まぬけ、アホ、とんま……ある種の人間の性質、そして行動を言い表す単語は無数にある。こうした侮蔑語、つまり悪口は、主に話しことばとして使われるが、その定義はほぼ明らかだと言えるだろう。つまり、「知性の欠如」だ。では、「知性」とは何か？　これがまた微妙な問題で、語りだすと苛烈で攻撃的な議論が始まってしまうのだが、誰でも感覚的におおよその意味はわかるはずだ。だがその一方で、誰もが認める「知性」の持ち主が、実に「バカ」としか言いようのない行動をとることがある。なぜそんなことが起こりうるのか？　知性の塊のような人物が、なぜ時折まったく知的とは言えないことをしでかすのか？　もしかしたら「バカ」は、知性とは関係がないのではないだろうか？

まず、一般的には類語とされているが、実際はまったく異なる行動を表すふたつの単語（たいていは混同されているが）について考えてみたい。どちらも、本人やまわりの者たち（または双方）を不快にし、マイナスの影響を及ぼし、誰に対しても何ひとつ利点をもたらさない点では共通している。いずれも「いったいどうしてこんなことをしたんだ？」と、誰もが不思議に思う行動だ。

ひとつは、思慮不足、経験不足、判断ミスなどのせいで、それによってもたらされる結果を予測できずにとる行動だ。これを「粗相《そそう》」という。よい例が幼い子どもで、自分がしていることの意味がわからなくて、余計なことをしたり、禁止されていることをしたりしてしまう。

もうひとつは、それによってもたらされる結果がどういうものか、わかっていながらやってしまう行動だ。これを「バカ」という。「粗相」との見分け方は主にふたつある。まず、自らの行動がとんでもない結果をもたらしたのを目の当たりにした時、本人がこう漏らす場合だ。

「やっぱりやらなければよかった」

もうひとつは、別の人の行動がやはりとんでもない結果をもたらしたことについて「どう思う？」と尋ねると、本人もほとんど同じことをしたにもかかわらず、堂々とこう答える場合だ。

「まったくバカだよ、あんなことをすべきじゃなかったのに！」

いずれかのことばを発した人物は、思慮不足や判断ミスのせいでそうしたわけではないので、その行動は「粗相」ではなく「バカ」だとわかる。

実は、たとえ誰もが認めるインテリであっても、こうした「バカ」な行動をとることがある。この場合のインテリとは、まず、知能検査によって高いＩＱ（知能指数）を持っていると認定された人、あるいは、世間からそのように評価されている人をいう。後者には、社会的に輝かしい成功を収めた人物（スティーブ・ジョブズなど）、知識と考察の深さが世界に認められている人物（アルベルト・アインシュタインなど）、権威ある資格や賞を獲得した人物などが挙げられる。こうした世界的なインテリたちも、とんでもない結果をもたらす「バカ」な行動から免れるわけではない。たとえば、元アメリカ大統領のビル・クリントン。自らが捜査の対象になっていると知りつつ、ホワイトハウス実習生のモニカ・ルインスキーと「不適切な関係」を続け、大統領としての権威を大きく失墜させてしまった。どれほどのインテリでも、どれだけ高い知性の持ち主でも、こうした「バカ」なことをしうるのだ。[*1] この構造の非対称性に注目したい。「知性」は行動よりも人物を形容し、「バカ」は人物よりも行動を形容する。

アルゴリズム的知性と合理的知性

「知性」を正確に定義することはできないだろうか？ 実は、心理学者でトロント大学名誉教授のキース・スタノヴィッチが、その点について興味深い考察を行なっている。[*2]「知性」には複数のレベルがあるというのだ。ただし、あくまで知性の「レベル」であって「形態」ではない。ハーバード大学教授のハワード・ガードナーが提唱する「言語的知能」「論理数学的知能」「身体運動的知能」といった多重知能とはまた別の話だ。

スタノヴィッチによると、まず、知性には「アルゴリズム的知性」があるという。物事の意味を理解したり、論理的に思考したりできる知性だ。ＩＱを測るウェクスラー成人知能検査（ＷＡＩＳ）や児童向けウェクスラー知能検査（ＷＩＳＣ）など、各種知能検査によって測定されうる。こうした検査ツールとその測定結果については、反論も少なからずあるのは確かだが、ある一定の役割を果たしていることは認めざるをえないだろう。学校の授業カリキュラムに生徒たちがついていけるか、ついていけないとしたらその原因はどこにあるのか、こうした検査のおかげで明らかにされるからだ。[*3] 精神測定の要素も含まれているこの種の検査は、慎重を期して実施される。被検者が受けるテストには、各問題にひとつずつ正解が設定されており、獲得したスコアによって知能レベルが判定される。だが、学校以外の実生活において、この種の知性が常に役立つとは言いがたい。何らかの問題にぶつかった時、たったひとつの正解があることなどめったにないからだ。たとえばこういうケースだ。

「海外駐在を了承すれば昇進を約束すると言われたけれど、受けるべき?」

「結婚したほうがいい?」

「ルノーとシトロエン、どちらの車を買うべき?」

これらの質問については、たとえエクセルを駆使してデータ分析をしても、「たったひとつの正解」は見つけられないだろう。

そこで必要とされるのが、スタノヴィッチが言うところのもうひとつの知性、「合理的知性」だ。こちらは、現実の状況を考慮しながら、目標を実現するために意思決定できる知性だ。スタノヴィッチの研究チームは、この「合理的知性」を測定するテストも開発している。[*4] ここで問われるのは、「理解力」ではなく「意志力」だ。わたしたちは、たとえ状況を理解できているからといって、必ずしもそれにふさわしい行動をとるわけではない。喫煙のリスクを知りながら、タバコを吸いつづける人がいるのがよい証拠だ。がんのリスクを軽減するために、自らの意志によって禁煙できるのが「合理的知性」である。

このように「知性」にふたつのレベルがあるとわかれば、前述した矛盾点も解明される。インテリ、つまり平均以上のＩＱの持ち主であっても、「バカ」げた意思決定をすることはある。とんでもない結果をもたらしかねないリスクをおかして、誰にも何のメリットもない行動をとる場合もある。「アルゴリズム的知性」が高くても「合理的知性」が低いからだ。

ギフテッド〔先天的に非常に高度な知的能力を持つ者〕を理解する際にも、スタノヴィッチの考察は役に立つ。近年、ギフテッドを扱った出版物が数多く刊行されたおかげで、一般にも理解が広まり、自らがギフテッドだったことに初めて気づく人たちが続出した。彼らは、人並みはずれた高い知性を誇りながら、決して社会的成功が保証されているわけではない。むしろ、社会や組織にうまく適応できないと感じている人が多い。それはなぜか？　ギフテッドの知性は「アルゴリズム的知性」であって「合理的知性」ではないので、日常生活でどう行動すればよいかを判断することには長けていないからだ。例えるなら、超パワフルなエンジンを搭載した車を運転するようなもの。だが、ドライバーの運転テクニックが優れているか、正しいルートを進めるかどうかは、まったく別の問題だ。

こうして考えると、知性の高い人間が「バカ」なことをするのは少しも矛盾ではないことがわかる。だが、ここで新たな疑問が生まれる。わたしたちはいったいどういう理由から「バカ」なことをしてしまうのだろう？　感情のコントロールができないせいではないか、と言う人は多い。つまり、激しい感情にとらわれるあまり、一時的に思考力が低下してしまうからだというのだ。なるほど、そうかもしれない。だが、強い感情にとらわれず、冷静に「バカ」なことをする場合もあるのではないか？　たとえば以前、ふたりの高校生が夜中にこっそり学校に忍びこみ、二台の消化器の中身を校内にバラまいたことがあった。実に「バカ」げた行動だ。翌日逮捕された本人たちさえそう言っている。惨憺たる結果をもたらすだけで、誰にも何のメリットもないし、少しも合理的ではない。退屈しのぎか暇つぶしのつもりだったかもしれないが、ほかの感情は何もない。教師に対する嫌がらせのつもりも、翌日の授業をつぶすためという動機もなかったという。

自分だけは大丈夫、自分が罰せられるはずがない：楽観バイアス

「バカ」な行動をする原因として、「感情」以外にもうひとつ有力な候補がある。「認知バイアス」だ。これについては、認知心理学研究によってすでに多くのことが判明している。とりわけ、二〇〇二年に心理学者として初めてノーベル賞を受賞したダニエル・カーネマンが、この分野に大いに貢献している。認知バイアスとは、自らの意思とは無関係に引き起こされる思考上のミスだ。わかりやすく言えば、目の錯覚のようなもの。わかっているはずなのに、毎回罠にかかってしまう。たとえば、〈因果と相関の混同〉という認知バイアスがある。単に相関関係にあるだけのふたつの出来事に、因果関係があると思いこんでしまうバイアスだ。例を挙げよう。あなたが悩んでいる時、飼い猫がいつも膝の上に乗ってきてゴロゴロと喉をならす。こ

れを見たあなたは、「猫は遠くにいても人間の心が読めるので、わたしが悩んでいるのを知って慰めようとしてくれているのだ」と思いこむ。だが、あなたの悩みと猫の行動にはきっと何の因果関係もない。もしかしたら、元気な時にも猫が膝の上に乗ってくるのを、あなたが忘れているだけかもしれないのだ。

「バカ」な行動をしてしまうのは、〈楽観バイアス〉がかかっているせいかもしれない。[*5] わたしたちは、自分自身のことに関しては楽観的になりすぎる傾向がある。自分は他人より運転がうまいと思いこんだり、統計上の確率を無視して「自分ががんになるはずはない」「離婚などするはずがない」と信じこんだりする。自分はほかの人たちとは違う、自分だけは大丈夫、と思っている。

「あなたはほかの人たちと同じように、ほかの人たちと同じであることがわからない」と、アメリカの心理学者、ダニエル・トッド・ギルバートは皮肉をこめて言っている。

前述したふたりの高校生の場合も、〈楽観バイアス〉のせいで、「まさかバレるとは思わなかった」のだ。だが、もし友だちの誰かが同じ計画を彼らに打ち明けたとしたら、おそらくふたりとも「バレたらどうするんだよ、やめろよ」と冷静になって止めたことだろう。

〈楽観バイアス〉がもたらす「自分だけは大丈夫」という思いこみは、「自分が罰せられるはずがない」という自信によって、ますます強化される。「これまで何度も同じことをしてきて罰せられなかったのだから、今回も大丈夫だ」と思いこんでしまうのだ。そうして考えると、確かにわたしたちは、小さな規則違反をしょっちゅうおかしながらも罰せられずに済んでいる。一〇キロ程度のスピード違反、会社の遅刻、ちょっとした嘘……すべておとがめなしだ。「一度も違反をおかしたことはない」と胸を張って言える人はどのくらいいるだろう？　罰せられることなく違反を何度も繰り返すことで、脳は「違反をしてもリスクはほとんど〈まったく〉ない」と思いこむ。実に論理的な思考だ。かくして、とうとう重大な被害をもたらす「バカ」な行動をしてしまい、逮捕されるはめに陥るのだ。

「自分だけは大丈夫」「自分が罰せられるはずはない」という気持ちが、日常生活における「バカ」な行動を引き起こす。いったいどれだけの人が、「自分は非の打ちどころがない健全な生活を送っている」と自信を持って言えるだろう？　あなたは毎日、糖分や塩分や脂肪分を摂りすぎず、一日五種類以上の野菜やフルーツを摂って、バランスのよい食生活を送っているだろうか？　毎日きちんと運動をしているだろうか？　「イエス」と言えないなら、〈楽観バイアス〉がかかっているかもしれない。あなたは、健康維持に最善を尽くしていないにもかかわらず、自分だけは病気にならないと思いこんでいる。そして、健全とはいえない生活をしているにもかかわらず、今のところ大きな問題は起きていない……。その結果、「自分だけは大丈夫」と思いこみ、暴飲暴食をしたり、健康診断を受けなかったりという「バカ」な行動をしてしまうのだ。

認知バイアスは、知能の働きとも大きく関わっている。物事を処理するのにもっとも簡単な方法を見つけられるのも、突発的な出来事にスピーディーに対処できるのも、知能がきちんと働いているおかげだ。そして、そういう「ショートカット」をする時にこそ認知バイアスがかかりやすい。どんなにIQが高い人でもみんなと同じように認知バイアスがかかることは、実験によって証明されている。認知バイアスも「バカ」な行動も、知性によって防ぐことはできないのだ。

バカとクリエイティビティ

ではわたしたちは、思考にバイアスがかかって「バカ」なことをしてしまうことについては、どうすることもできないのだろうか？

実は、「バカ」な行動にはもうひとつ別の特徴がある。「違反性」だ。前述したふたりの高校生を思いだしてほしい。もしあのふたりが夜中に学校に忍びこんで、廊下を掃除したとしたらどうだろう？　誰も「バカ」な行動とは思わないのではないか。「不適切」かもしれないが、少なくとも「バカ」ではない。夜中にこっそり忍びこむのはよくないが、その目的は建設的だ。ところが、消化器の中身をバラまくという行動には、建設的なところは微塵もない。そこにあるのは正当性ではなく、違反性だ。そして「違反性」は魅力的だ。高校生たちは、してはいけないことをしているとわかっていて、そこにワクワクした高揚感を抱いていたのだ。

禁じられたことをすることの魅力は、「バカ」な行動の原動力になる。だがそれは同時に、クリエイティビティの原動力にもなりうる。敷かれたレールからはずれて、今まで誰も歩いたことがない道を切り開き、新しい何かを発見する。「バカ」な行動の多くは、独創的でクリエイティブでもあるのだ。事実、天才的にクリエイティブな人たちは、その行動や思考が常人には理解しにくいことから、しばしば「バカと紙一重」と呼ばれる。つまり広い視点から見た「バカ」は、多くの発見や発明の源でもあり、もしかしたらそのおかげで人類にとってよりよい世界が作られるかもしれないのだ。「違反性」に魅了される傾向と、リスクをおかすことを恐れない〈楽観バイアス〉のおかげで、新たな技術が開発され、世の中は進歩していく。「バカ」とクリエイティビティは一枚のコインの裏表のようなものだ。ふたつに共通するのは「逸脱」という特徴、つまり敷かれたレールからはずれることだ。

こうして見ると、「バカ」はそれほど単純ではなく、複雑でわかりにくい。「バカ」とは決して「知性の欠如」ではない。どんなにＩＱが高くても、「バカ」な行動をする衝動を避けることはできないのだ。

Column

判事は満腹でいるほうがよい

ジャン＝フランソワ・マルミオン

犯罪の受刑者に仮釈放を認めるかどうかは、フランスと同様イスラエルでも、刑罰適用裁判所において判決が下されるが、判事が昼食や休憩をとった直後は、六五パーセントのケースで仮釈放が認められるという。ところが、その後は時間の経過にしたがって仮釈放許可の割合が徐々に低下し、しまいにはほぼ〇パーセントになってしまう。そこで判事がもう一度休憩をとると、その割合は再び上昇し、六五パーセントに回復する。これは、二〇一一年、イスラエルで八人の刑罰適用判事によるおよそ一〇〇〇回の判決をもとに分析された結果である。[*1] つまり、判事が満腹であるかお腹が空いているかで、判決が分かれてしまうのだ。

迷信や陰謀を信じるバカ

ブリジット・アクセルラッド

哲学者、心理学者、グルノーブル探究天文観測所所員、国立科学情報協会(AFIS)出版『科学と疑似科学』誌編著者。著書に『偽りの思い出や操作された記憶がもたらす災い』(2010年、未邦訳)がある。

「現代の民主主義社会における教育システムでは、もっとも肝心なことが教えられていないように思われる。批判的思考だ。これは誰かに教えてもらわないと実践が難しい。身につけないと何でも信じこむようになってしまう。一方、疑いを抱くことはヒューリスティクス的な思考には確かに役立つが、精神の自立というより、認知のニヒリズムをもたらしてしまう場合もある」

ジェラール・ブロネール『だまされやすい人たちの民主主義[*1]』

誰もが認める高い知性の持ち主が、まったく根拠のないことを大まじめに述べたり、突拍子もない意見に賛同したりしていて、驚かされることがたまにある。「知性」ということばの定義は人によって千差万別だ。さまざまなタイプの能力が「知性」として表されるからだろう。歴史上、科学、芸術、哲学、工学など、さまざまな分野の人たちが高い知性を持つと認められてきた。

だが、もし知性を「論理的に考えられ、きちんと計画を立てられ、ひとりで問題を解決でき、抽象的なことを考えられ、複雑なことを理解でき、新しい知識をすぐに覚えられ、新しいことをすぐにできるようになること」と定義するとして、六三件の研究結果に基づいたあるメタアナリシス[*2]の結果によると、知性の高い人はほかの人たちより物事を信じにくい傾向にあるようだ。

確かに、高い知性の持ち主が簡単に物事を信じこんだりしないのは、理にかなったことのように思われる。

知性の高さで知られる歴史上の偉人について考えても、敷かれたレールを進むことを拒み、その時代の多数派に背を向け、当たり前とされることを鵜呑みにせずに、新しいことを発明してきた人たちが多い。ガリレオ・ガリレイ、ダーウィン、アインシュタイン、カント、デカルトらはみな、同時代の人たちとは違う考え方をし、多数派の意見や、物事の一面しか見ない解釈を疑問視してきた。彼らの知性には批判的思考があった。その場を支配する考え方に知性によって抵抗し、少数派を丸めこもうとする企みをはねのけ、どんなドグマティズム（教条主義）にもおもねらない姿勢をつらぬいた。

ところが、カリフォルニア大学心理学部の准教授、ヘザー・バトラーが、ある科学雑誌でこのことに疑問を呈している。[*3] どんなに知性が高い人でもバカげた言動をしたり、とんでもないことを信じたりするというのだ。

「しばしば混同されるが、批判的思考と知性はまったくの別ものだ。批判的思考とは、目的に応じて論理的な考え方ができ、その能力を適切に使うことができる認知能力を言う。批判的思考の持ち主とは（中略）、もっともらしいことを言って他人を丸めこもうとする者を見抜き、根拠があることだけを信じ、固定観念にとらわれずに柔軟に考えることができる人物だ。つまり、批判的思考とは、あらゆる認知バイアス（後知恵バイアス、確証バイアスなど）に打ち勝つことができる能力のことを言う」

そう考えると、頭のよい人が時にバカげたことを信じてしまうことにも合点がいく。著述家で物理学者のトマ・デュランが撮ったドキュメンタリー映像『心の引力の法則』[*4]で、社会学者のジェラール・ブロネールがこう述べていた。

「バカではないのにバカげたことを信じてしまうこともあるんだ」

わたしはこの文頭に「偶然が重なった結果」または「小さなことが積み重なったあげく」とつけ加えたい。

ただし、誰もがそうなるというわけではない。

ジミー・カーターと宇宙人への手紙

ジミー・カーター元アメリカ大統領（一九七七〜一九八一年在任）は、かつて大統領選の選挙演説でこう述べた。

「わたしが大統領になったら、未確認飛行物体（ＵＦＯ）に関してアメリカ国家がつかんだすべての情報を科学者や一般市民に公開するつもりだ」

さらにカーターは、まさに〈確証バイアス〉〔仮説の検証に際して、自説に都合のよい情報ばかりを集めてしまうこと」の典型とも言える、こんな発言も行なっている。

「未確認飛行物体は存在する。なぜなら、わたしも一回見たことがあるからだ」

その信念にしたがうかのように、一九七七年九月五日、カーターは宇宙人へのメッセージをレコード盤にして宇宙探査機ボイジャー一号に搭載した。宇宙人に対して、探査機と地球について一とおり説明をした後でこう呼びかけている。

「これは小さな遠い世界からのプレゼントです。わたしたちの世界の音、科学、画像、音楽、考え、感情が、ここに記録されています。わたしたちは、いつかあなたたちの世界に生きるために、この時代をなんとか生きのびようとしています。いつの日か、今直面している問題が解決した暁には、わたしたちも銀河系の文明共同体の仲間入りをしたいのです。このレコードには、この広大で素晴らしい宇宙における、わたしたちの希望、決心、そして熱意がこめられています」

二〇〇二年にノーベル平和賞を受賞し、数多くの政治学関連の著書を残したジミー・カーターでさえ、宇宙人にメッセージを送るというバカげた行動をとっていたのだ。送ったメッセージが目的地に到着するのはなんと四万年後だ。しかも、二〇二五年以降は地球との通信が途絶えるため、誰もその結末を知ることはできない。

宇宙人にメッセージを送ったのはカーターだけではない。科学ニュースサイトの「サイエンス・ポスト」によると、二〇一七年一一月一九日、地球外生命体を探索するプロジェクト、S

ETI（地球外知的生命体探査）の天文学者チームが、宇宙人に向けて電波メッセージを送ったという。太陽系の惑星群、DNAの構造、人体のデッサンなど、地球とそこに暮らす生命体に関する基本情報が発信されたそうだ。地球人が生息できる惑星があるかもしれないという近隣の惑星系に向けて送られ、二五年以内の返信が期待できるという。明日にでもすぐ、というわけにはいかないようだが、四万年後に比べるとまあ許せる範囲内だろう。

さらに驚くべきことがある。なんと、あの物理学者のスティーヴン・ホーキングや、カリフォルニア大学バークレー校でSETI研究を行なう天文学者のダン・ワーシマーといった一流科学者たちが、宇宙人とのコミュニケーションがもたらすリスクについてわざわざ政府当局に警告をしているのだ。

「もしこちらのメッセージを受けとって解読できる宇宙人がいるなら、その惑星の文明はわたしたちより長い歴史があり、テクノロジーにおいてもわたしたちよりずっと進んでいるはずだ」

ワーシマーはこうも言う。

「これは例えるなら、トラ、ライオン、クマなどの猛獣がいるかどうかを知るために、森の中に入って大声で叫ぶようなものだ」

いずれも、宇宙人がいることを前提とした警告だ。まったくもって驚かされる。

また、非常に知的な人物が、何かを盲目的に信じるあまり、批判的思考を忘れ、自らの幸せや人生さえ犠牲にすることもある。

スティーブ・ジョブズ、天才的な視点を持ちながら、信念のせいで盲目になった人

アップル元CEOのスティーブ・ジョブズは、iGodの異名をとる天才実業家だ。「魔法の思考力」を持つとされ、画期的なアイデアによって世界を意のままに操った。その「魔法の思考力」は、素晴らしいアイデアを実用化することで本人に多大な利益をもたらしたが、がんに対しては無力だった。

ジョブズの伝記の著者であるダニエル・イシュビアとウォルター・アイザックソンの見解によると、ジョブズは非常に頭がよい（まあ、伝記に頼るまでもなく、本人が生みだした製品を見れば一目瞭然だが）。まさに天才だ。『スティーブ・ジョブズの四つの人生　スティーブ・ジョブズ伝記』〔未邦訳〕の著者で、フランス人ジャーナリストのイシュビアはこう述べている。

「スティーブ・ジョブズは、波乱万丈の人生を送ってきたが、完璧主義者で、天賦の才があり、生まれながらの美的センスを持っている。大きな夢を叶える力と、その夢を他人と分かち合える才能を備えている。（中略）彼は単なるCEOではない。奇跡の聖杯を探し求める正真正銘のアーティストであり、世界を変えてみせるという意志の力によって奮い立たされる耽美主義者である」

一方、アインシュタイン、キッシンジャー、ベンジャミン・フランクリンなどの伝記も著し

た、アメリカ人作家のアイザックソンは、アップルの「Think Different」広告キャンペーンに使われた一節を、ジョブズの伝記の冒頭に引用している。

「世界を変えられると考えるほどのバカだけが、本当に世界を変えられる」

スティーブ・ジョブズの生物学上の父親はシリア人だ。母親はアメリカ人で、ジョブズを出産した時は学生で未婚だった。母親は生まれたばかりの息子を、大学へ進学させるという条件のもとでジョブズ夫妻に養子に出した。養父母はつつましい生活を送っていたが、息子のためにがむしゃらに働いた。やがて、一家は息子の学校のためにシリコンバレーに転居する。青年時代のジョブズはインドと仏教に魅せられ、ヒッピーに心酔し、友人と一緒にインドに数カ月滞在した。その後は実家に戻って大学の授業を聴講したがわずか三カ月で飽きてしまい、カリグラフィー(西洋書道)を習うなど美的センスを磨くことに集中した。ある年の夏、農園に滞在してリンゴだけを食べて過ごした。ジョブズが友人のスティーブ・ウォズニアックと共同で「アップルコンピュータ」を創業したのはその直後である。わずか二五歳でアメリカ最年少の百万長者になったのだ。ジョブズは自分のまわりに才能ある者たちを集め、自らのカリスマ性によって各人の持ち味を引きだすことに成功した。Ａｐｐｌｅ Ｉ、Ａｐｐｌｅ Ⅱ、ｉＭａｃ、ｉＰｏｄ、ｉＴｕｎｅｓ、ｉＰｈｏｎｅ、ｉＰａｄなどの画期的な製品は、すべてジョブズのアイデアから誕生している。人生においてたびたび苦境に陥ったが、いつもそのつらい経験をバネにさらなる躍進を続けた。ただし、膵臓がんについてはそううまくはいかなかった。

二〇〇三年一〇月、ジョブズの膵臓がんが発見された時、手術で完治することを確信した医師たちは思わず嬉し涙を流したという。ところが、ジョブズは手術を断固拒否。仏教徒でベジタリアン、近代医学に懐疑的であったため、代替医療のみに頼ってがんを治す決意をしたのだ。祈禱、自然療法、鍼治療を受けたり、植物性のサプリメントを摂ったり、フルーツジュースを飲んだり、タンポポサラダを食べたり、長期にわたって断食をしたり……いずれも突拍子もない治療法ばかりだ。そして二〇〇四年の再検査で、いずれの治療も効果がなかったことが判明する。がんはほかの臓器にも転移していた。ジョブズはようやく手術を受けることにしたが、時すでに遅し。二〇〇九年四月、テネシー州メンフィスのメソディスト大学病院で肝臓移植手術を受け、その後もアップルのために働きつづけたが、二〇一一年一〇月に五六歳でこの世を去った。

ジョブズの友人や伝記著者たちはみな、彼の両極端な人間性に首をかしげる。不可能を可能にする天才的な発明家である一方、バカげたことにこだわったあげく命を縮めてしまう……。生物学上の両親に捨てられたことがトラウマになり、難解な研究を続けることでその心の穴を埋めようとしたのだろうか？　ジョブズが七歳の時、自分が養子として今の両親にもらわれたことを女友だちに打ち明けたところ、その子に言われたことばに深く傷ついたという。

「じゃあ、あんたの父さんと母さんはあんたを好きじゃなかったのね」

だが、心の知性が高かった養父母は、いつもジョブズを励ましつづけた。一九七〇年代、シリコンバレーで開花したヒッピームーブメントも、おそらくジョブズに大きな影響を与えただろう。だからこそ「啓示」を求めて、はるばるインドまで旅をしたのだ。

ガリレオは間違っていて、教会が正しかった？

非論理的なことを信じるのは、本人にとってはリスクがあるかもしれないが、まわりには害を及ぼさない……ジョブズの場合はそうだったかもしれないが、そうではないケースもある。自らの信念を他人に勧めたり、押しつけたり、広めたりする者たちもいるからだ。あるいは、本当は自分でも信じていないことを、無理やりまわりに信じこませようとする者もいる。前述したドキュメンタリー映像『心の引力の法則』で、生物物理学者のアンリ・ブロックはこう言っている。

「ヨーロッパでは今も四人にひとりが、地球が宇宙の中心にあって、ほかの天体がそのまわりを回っていると信じている」

二〇一〇年一一月六日、シカゴから一五〇キロほどのインディアナ州サウスベンドにあるホテル・ガーデン・インで、ある「科学会議」が開催された。議題は「ガリレオは間違っている。教会が正しかった」。太陽が地球のまわりを回っているという地球中心説（天動説）が正しいことを証明するために、一〇人の「専門家」たちがそれぞれ研究発表を行なったのだ。当然のことながら、コペルニクス、ガリレオ、ケプラー、ニュートン以降、太陽のまわりを地球やほかの惑星が回っているという太陽中心説（地動説）が正しいことは、科学的に証明されている。この会議のサブタイトルがまたすごい。

「地球中心説に関するカトリック年次会議　第一回」

「第一回」ということは、今後も継続される予定なのだろう。第一発表者のロバート・サンゲニス博士は、次のように題された研究の報告を行なっている。

「地球中心説：みんな知っている。それなのに隠している」

あたかも太陽中心説が陰謀論であるかのような言い草だ。ロバート・ベネット博士、ジョン・ザルツァ博士ら、ほかの発表者たちも、みな突拍子もないタイトルの研究を行なっている。

「科学的証拠：地球は宇宙の中心だった」

「地球中心説のメカニズムの紹介」

「地球が宇宙の中心で止まっていることは、科学研究で証明されている」

彼らの肩書きもなんだかよくわからない。共同主催者のひとりであるロバート・ベネットは、一般相対性理論の博士号を持っているという。ロバート・サンゲニスは、国際カトリック護教団体の会長で、神学、科学、文化、政治などに関する記事を多数執筆したり、書籍を出版したりしている。数年間にわたって、あちこちの教育機関で物理学や数学を教えてもいる。

「アインシュタイン、エルンスト・マッハ、エドウィン・ハッブル、フレッド・ホイルら物理学者や天文学者たちは間違っていた。聖書に書かれているように、地球は宇宙の中心にあり、太陽やほかの惑星がそのまわりを回っていると証明すべきだった」

サンゲニスはそう説くことで、「やっぱり聖書は正しかった」「科学が間違っていたのだ」と思えるよう、信者たちを安心させているのだ。

だが、科学研究による発見はいずれも、地球中心説が真実とは異なることを証明している。地球中心説の信奉者がよりどころにするのは聖書しかない。彼らは、太陽中心説信奉者の科学的な論証に対していつもこう言う。

「しかし聖書では……」

ガリレオを非難することは、コペルニクスの地動説を早い段階で証明した彼の、近代科学のパイオニアとしてのイメージを傷つけることだ。それと同時に、一九九二年、カトリック教会がガリレオ裁判について謝罪させられたことに対して、一部の信者が抱いている屈辱を晴らすことでもある。

ガリレオの時代から長い年月が経った。かつて、コペルニクスを信奉した科学者たちは、聖書、そして神によって啓示された真実と対面し、その非合理性と戦った。結局、迫害されたのは科学者たちだった。そして今も、頭のおかしい強情っぱりたちが、わけのわからない理屈を押し通すために、人々をマインドコントロールしようとしている。真実を追求する科学者たちによる、カトリック教会の蒙昧主義に対する戦いはまだ終わっていないのだ。

バカげた思想に対してわたしたちができること

わたしたちは、今さら自らの知性を高めるのは難しいかもしれないが、適切なやり方によって批判的思考を身につけることはできる。

だが、何かを信じて疑わないことが、すべてバカげていて、非合理的で、危険であるわけではない。自分という存在、自分の能力、価値、人生、他人の言動を信じるのは、生きていく上でとても大切なことだ。

わたしたちが、時に理性を失うほど危険な思想にのめりこんでしまうのは、自らの人生に意味を見いだしたいと願うからだ。もし誰かが、自分自身の世界観とまったく同じ思想を呈示したり、逆に自分には思いつかないようなアイデアを説いたりしたら、つい飛びつきたくなるのもわからないでもない。

だが、非合理的な思想がもっとも大きな力を持つのは、その思想がわたしたちが直観的に求めていたものに合致しているように感じられる時だ。

わたしたち人間はいつの時代も、バカげた思想を信じたり、そうした思想と戦ったりしてきた。そうやって世の中のバランスは維持されてきたのだ。それは今もたいして変わらない。そう考えると、わたしたちが合理的であろうと戦いつづけているのは、世の中のバランスを維持するためなのかもしれない。

どんなに頭がよくて、物知りで、批判的思考ができても、バカげたことを信じる危険性のない人間などいない。偶然を受け入れるのは難しいことだからだ。わたしたちは単なる偶然の裏側に、運命、宿命、陰謀、策略、意図、善意、悪意などを見いだそうとする。これは誰でも持っているバイアスだ。

「二度あることは三度ある」

「火のないところに煙は立たない」

「金曜に笑う者は日曜に泣く」

これらのことわざはいずれも、わたしたちが物事に因果関係や意味を見いだしたがる傾向があることを示している。どんなに知性が高い人でもこのバイアスからは逃れられない。あのアルベルト・アインシュタインも、妻のミレヴァと息子の病気について書簡に次のように記している。

「自分の人生でもっとも重要なことをろくに考えもせずに行なってしまったから、きっと罰が当たったのだろう。自分より精神的にも肉体的にも劣っている者との間に、子どもを作ってしまったから」[*5]

相対性理論を発見した天才物理学者でありながら、なんという非合理的な考え方なのだろう。アインシュタインの母親は、ミレヴァとの結婚に反対していた。ミレヴァは足が悪かったので、「子どもも同じようになるに決まっている」と息子に警告していたのだ。アインシュタインの伝記著者であるロジャー・ハイフィールドとポール・カーターは、異口同音にこう述べている。

「アインシュタインは、明晰な頭脳と偏狭な心を併せ持つ人物で、そのせいでまわりの人たちに何度も辛い思いをさせてきた」

結局のところ、わたしたちにできるのは、バカなことを信じる人を減らすことではなく、むしろ増やさないことではないだろうか。何かを信じて疑わない人間の考え方を変えるのはとても難しい。余計な口出しをすると、逆にさらにかたくなになってしまう危険性があるのだから。

バカの理論

アーロン・ジェームズ

南カリフォルニア大学哲学教授。著書に『くそったれドナルド・トランプ理論』(2016年)、『くそったれの理論』(2012年)がある(いずれも未邦訳)。

あなたの理論によると、バカとはどういう人を指すのでしょう？

ジェームズ　わたしがバカと呼んでいるのは、まずもって、自分を非の打ちどころがない、社会生活で特権を与えられるべき人間だと思いこんでいるような人です。男性に多くて、女性には比較的少ないと思います。典型的な例が、郵便局の窓口の列に割りこもうとするバカです。ふつうは緊急時や、立っているのがつらい妊娠中の女性に与えられるべき特権が、どういうわけか自分にも与えられるはずだと信じているのです。なぜかというと、自分はほかの人間より金持ち、イケメン、あるいは頭がいいと考えているから。「おれの時間はおまえたちより貴重なんだ」というわけです。そこでもし誰かが「みんなと同じように列に並んでください」と訴えても知らんぷりをしたり、逆ギレしたり。こういう人は、単に他人を見下しているのではありませんせん。むしろ、相手にするに値しないと思っているのです。「おれの素晴らしさをわからないやつらなど、まるで話にならない」というふうに。

バカはどこで何をしていてもバカなのでしょうか？

ジェームズ　そうとは限りません。たまたまタイミングが悪くてバカなふるまいをしてしまう者もいないわけではないと思います。たとえば、禁酒、禁煙、ダイエット中などでイライラしていたり、若気の至りだったり。ただ、わたしが思うに、本物のバカはほとんどの場所でバカなことをします。ただし、常に必ずというわけではありません。職場や街中ではバカだけど家庭ではそうではない、あるいはその逆、ということもありえます。一〇〇パーセントのバカはまずいないでしょう。例外はスターリンですけどね。頭のおかしい大量虐殺者であっただけでなく、どこで何をしていてもバカだったらしい。

物知りで頭がよい人でも、大バカのくそ野郎になることはありますか？

ジェームズ　そこまでひどいバカかどうかはわかりませんが、頭がよくてもバカになることはあります。わたしの考えでは、知性の高さは、バカになるかどうかとは関係がありません。むしろ、変に頭がよいせいで、ほかの人たちを見下してバカになることもあります。知性のほかに、裕福、ルックスがよいといった特徴があると、自分を高く評価しがちで、他人からもちやほやされやすい。つまり、恵まれた人のほうがうぬぼれバカになりやすいと言えるでしょう。

そうすると、バカとは、知性の高さの問題ではなく、社会生活でどういうふるまいをするかによるということですか？

ジェームズ　まさしく、バカかどうかは社会でどういう言動をするかで決まります。その一方で、これは心の問題でもあります。バカは他人より自分のほうが価値が高いと勘違いしています。だからどんな状況であっても、まわりが自分に合わせるのが当然だと考えるのです。また、バカの友人の中には、バカの要求に嬉々としてしたがってしまう者がいます。ここには、ある面では集団力学上の問題があるのですが、その底にはもっと個人的で根深いものがあるので、治すのはなかなか難しいと思います。

自分のバカなふるまいを自覚しても、バカはバカのままなのでしょうか？

ジェームズ　困ったことに、自分がどういう行動をしているかを自覚していて、それを誇りに思っているバカはたくさんいます。

「ああ、そうさ、おれは確かにバカだよ。だから何だ？　おまえに文句を言われる筋合いはない」というように。

だから、自覚したくらいではバカは治りません。バカの要塞の内側に閉じこもっているので、それを問題にするなど考えもしないのです。ただ、絶対に変われないわけではないと思いますよ。大病をしたり、自動車事故に遭ったり、近親者が死去したり、という苦難を体験することで、少しは変われる者もいるでしょう。あるいは、歳をとったせいで変わる場合もあります。バカなことをするだけの体力がなくなったり、男性ホルモンのテストステロンが減少したりするせいで。でも、それもめったにあることではないので、あまり期待しないほうがいいと思います。いずれにしても、自覚したくらいでバカがバカでなくなることはまずないでしょうね。

子どもにもバカはいますか？

ジェームズ　幼い子どもは自己中心的なのでバカとみなされがちですが、わたしは違うと思います。子どものバカっぽさはごく一時的なもので、それが性格として定着することはまずありません。子どもの性格はコロコロ変わります。ただ、一〇代後半の思春期になると、本物のバカの片鱗が現れることがあります。まあ、たいていはそれもすぐに消えてしまいますが。結局、バカがしっかりと定着し、コンスタントに発揮されるのは成人してからと言っていいでしょう。

成人におけるバカの割合はどのくらいですか？　一〇パーセント？　五〇パーセント？

ジェームズ　国、地域、環境などによって異なります。アメリカはカナダより多く、イタリアやブラジルは日本より多い。まあ、日本はたいていの国に比べて少ないと思いますけど。時代によっても変わります。マスコミの報道を見る限り、アメリカは昔に比べると今のほうがずっと多いようです。でも、さすがにどんな国でも五〇パーセント以上ということはないでしょう。社会は、そこに暮らす人たちの協力と節度によって維持されていますが、どちらの能力もバカには欠けているからです。バカが五〇パーセントもいると社会が成り立たなくなってしまいます。

——どうしてバカがこんなにたくさんいるのでしょうか。生物の進化がそうさせたのですか？

ジェームズ　確かに、バカが霊長類の本能と関連していることは間違いないと思います。自らの強さを見せつけて、集団のトップに立とうとするのは、霊長類のオス特有の行動です。自分がまわりより優れていると思いこんでいるバカは、それと同じことをしているわけです。でも、文明が発達し、体制が整えられた社会では、そうした要因が決定的になることはないでしょう。こうしたバカの出現は抑えられるはずです。現代では、個人主義がもてはやされるわがアメリカのような国で、とくにバカが大きな問題になっていると思います。

バカにはどう対処すべきでしょうか。バカは治るのですか？

ジェームズ　バカが治るとは考えにくいので、関わらないにこしたことはないでしょう。職場に大バカ野郎が居座っていることがたまにありますが、それはその人が会社に何らかの利益や名誉をもたらすからだと思います。心理学者のロバート・サットンが、著書『チーム内の低劣人間をデリートせよ』〔邦訳：パンローリング〕でバカの取り扱い方法を説いていますけど、[*1] 残念ながら必ずしもうまくいくとは限りません。だから、どんな手を使ってでもバカを隔離する方法を見いだすのが一番です。そして、そのためには全員で一致団結しなければなりません。こちらが仲間割れをすると、バカはその隙を突いてのさばろうとします。一般社会のように大きなグループより、職場のような小さなグループでのほうがバカを隔離しやすいと思います。でも、一般社会でもバカを減らすためにできることは必ずあるはずです。ただ、バカはこちらがすることをいちいち邪魔するので、かなり難しい作業になることは間違いないでしょう。

家庭内にバカがいたらどうしたらいいのでしょうか？

ジェームズ　よくあるケースですが、とても難しい問題だと思います。なるべくバカを遠ざけることでどうにかしのいでいる場合が多いのではないでしょうか。たいていは、何らかの事情があって離婚できない妻が、バカ夫となるべく関わらないよう、話をしないで済むよう努力しています。妻は心の健康をどうにかして維持しなくてはならないのですが、それ以上どうすることもできないのです。

バカはふつうの人より幸せを感じていると思いますか？

ジェームズ　よい質問ですね。プラトンとアリストテレスは、客観的な意味での幸せを「正しく行動すること」と定義しています。これはバカにはできないことです。バカが築く対人関係は、幸せになるには弊害が大きすぎます。その一方で、おそらく本人は口にしないでしょうし、そうではないケースのほうが多いと思いますけど、バカが主観的な意味で幸せになるのはありえないことではないでしょう。いや、幸せというより、満足する、と言うべきでしょうか。バカは、欲しいものを手に入れると満足します。他人からの注目、名声、財産、権力、高い評価……自分はそれを持つに値すると思っているものを手に入れた時、満足感を覚えます。ただし、バカのそうした特権意識は、多大な不安と引き換えにかろうじて維持されているものです。たとえ欲しいものをどれほどたくさん手に入れても、日々の激しい戦いの中で、たったひとりでまわりをすべて敵に回し、誰にも頭を下げることなく、「一番賢いのはこのおれだ」と自らに言い聞かせつづけなくてはならないのです。犬やゴリラの集団において、オスのリーダーが若くして死ぬことがよくあるのですが、ライバルから常に目の敵にされるストレスが原因のようです。だから、もし知り合いのバカが「おれは今の自分に満足している」と言ったら、こう返してみたらどうでしょう。

「でもさ、もうちょっとまわりに合わせる努力をしてもいいんじゃないか？　そうしたらきみだってもっと楽になるぞ」

実はわたしたちはバカをうらやましく思っているということは？

ジェームズ　それはないでしょう。不愉快な人間を前にして、ストレスを感じたり、怒ったり、失望したり、「どうしたらこんなに嫌な人間になれるんだ？」と、いぶかしく思ったりすることはあるでしょうが、ふつうは、「こういうふうになりたい」とは思いません。ただ、バカが成功を収めた途端、その気持ちが嫉妬に変わることはあります。

「あんなにバカげたことをしているやつが、こんなに有名になるなんて！　おれも同じことをすればよかった！　だが、最初にそうしようと思いついたのはあいつだ。あいつのほうが先んじていた」

こういうふうに、我ながらバカげていると思いながらも、その優れたテクニックをうらやましく感じることもあるでしょう。でも、もしそのバカとばったり出くわしたら、「やっぱりこいつは嫌なやつだ」と、見下さずにはいられないと思います。

では、「あいつに比べたら自分はまし」と思わせてくれる存在として、バカに感謝するっていうことはありませんか？

ジェームズ　たとえバカの扱い方がうまくなっても、相手に感謝できるようになるとは思えませんね。まあ、こちらを人間として尊重してくれるなら別ですけど。バカをより深く理解できるようになったり、うまくあしらえるようになったりすれば、きっと喜びは感じるでしょう。その喜びは、わたしが一冊の本を書き終えた時に感じるのと同じものです。でも、こちらに対してこれっぽっちの敬意もなく、不愉快な理由で不愉快なことをする……そんな相手に感謝などできるはずがありません。不満と困惑を募らせるだけです。バカに会った日の夜、「我ながらうまい対応だった」「なかなかいいリアクションができた」と、ほくそ笑むことはあっても、感謝することはありえません。できることなら会わずに済ませたかった、と思うだけです。

二〇一六年、あなたは、トランプの大統領就任における危険性を指摘した『くそったれ　ドナルド・トランプ理論』（未邦訳）を上梓しました。トランプはやはり超絶大バカ野郎なのでしょうか、あるいは逆にしたたかな賢い人間なのでしょうか？

ジェームズ　トランプは超絶大バカ野郎……いや、ハイパーメガ級大バカくそ野郎ですよ。つまり、あの男は並みいるバカどもを差し置いて、そのバカの名人芸によって尊敬と称賛を集めるほどのバカです。通常、バカどもはバカの王様（あるいは、バカ大将）の座を巡ってデッドヒートを繰り広げるものですが、あれほど立て続けにバカなことばかりしでかすトランプの前には、誰ひとり足下にも及びません（おっと、例外がひとり。北朝鮮の金正恩を忘れてはいけません）。トランプとバカを競いあった者たちは、のちにたいていは従順なしもべになり下がります（ニュージャージー州元知事のクリス・クリスティのように）。

哲学者にもバカはいますか？

ジェームズ　その点で言うと、一八世紀の哲学者、ジャン゠ジャック・ルソーが興味深いと思います。〈利己心〉についてのルソーの考察は、バカの自己中心的な思考と、それによって引き起こされる弊害の大きさを理解するのに、非常に重要な文献です。ところがそのルソー自身は、実の子どもたちを孤児院に捨てるという利己的な行動をしています。ルソーは哲学者としては天才ですが、私人としてはバカに近いと言えるでしょう。

バカについて書いた貴著〔『くそったれの理論』未邦訳〕を読んだバカたちの反応は？

ジェームズ　喜んでくれていますよ。あたたかいメッセージをたくさんもらいました。「この本を書いてくれてありがとう。子どもたちからもらったのですが、これを読んで気づきました。わたしは間違いなくバカです」「素晴らしい！　実によく書けているね！」ただし、「これからは生き方を変えます」「もう今までのような行動はしません」と言われても、それは難しいとは思いますけど。わたしが個人的に知っているバカたちについては、本書を読んだかどうかわかりません。できるだけ関わりあいたくないですからね。

インタビュアー：ジャン＝フランソワ・マルミオン

人間は決して合理的な生き物ではない

ジャン＝フランソワ・マルミオン

心理学者、心理学専門マガジン『ル・セルクル・プシ』編集長。本書『「バカ」の研究』の編者を務める。シアンス・ユメンヌ社などから心理学関連の著作を多数刊行。編著に『バカの世界史』（2019年）、『美醜の心理学』（2020年）などがある（いずれも未邦訳）。

え？　まだ〈ホモ・エコノミクス〉に会ったことがない？　それなら、やつがまだこの世の中に生息しているうちに早く会っておかないと！

前世紀終わり頃まで、〈ホモ・エコノミクス〉は、自立した人間の理想像とみなされてきた。「経済人」を意味するこの名称は、〈期待効用〉が高いものを常に選択する特性からそう名づけられた。いかなる状況においても最大の利益を追求する。合理的で、利己的で、決してブレない。新古典派経済学の舵とり役だ。わかりやすいし、素晴らしい。だが、間違っている。

悪霊退散！　エコノミクス！

人間は合理的な生き物である……この〈ホモ・エコノミクス〉理論を、心理学でどう考えるかは、長年意見が分かれていた。精神分析学者は、人間の欲動、無意識の動機、影《シャドウ》を探求しようとするため、「人間がそれほど計算高くなれるはずはない」と、〈ホモ・エコノミクス〉理論には懐疑的だった。その一方で、「いや、人間は元々合理的な生き物だ」と、〈ホモ・エコノミクス〉理論を支持する者たちもいた。とくに認知心理学者は、人間はアルゴリズムを駆使してコンピュータと同じように思考すると考えていたため、その傾向が強かった。

一九八〇年代、当時提唱されたいくつかの理論（マーティン・ブレインの〈メンタルロジック論〉、チェン&ホリオークの〈実用的推論スキーマ説〉など）によって、わたしたち人間は、明確なルールや表象（ジョンソン＝レアードの〈メンタルモデル〉）にしたがって論理的に思考すると考えられていた〔詳細は、文末のキーワードを参照〕。だがそれ以前の一九六〇年代、一部の認知心理学者が、すでに人間の思考の不確かさを指摘していた。ピーター・ウェイソンの〈ウェイソン選択問題〉がそのよい例だ。以下、詳しく説明しよう。

テーブルの上に四枚のカードが置かれている。それぞれのカードには、片面にアルファベット、もう片面に数字がひとつずつ書かれている。四枚のカードには、「D」「F」「7」「5」と書かれているのが見えるが、裏面に何が書かれているかはわからない。さて、ここで問題だ。次のルールを確かめるために、ひっくり返す必要があるカードはいったいどれか？

「カードの片面にDと書かれているならば、その裏面は7である」

論理的に考えれば、答えはただひとつ。ひっくり返す必要があるのは「D」と「5」だ。ところが、多くの回答者は「D」と「7」と答えてしまう。この場合、ルールを確証する情報（Dの裏面は7である）だけでなく、反証する情報（7ではないカードの裏面はDではない）も探さなくてはならない。このように、自分の考えを肯定するものだけを確認して、否定するものを無視することを〈確証バイアス〉という。誰もが持っている傾向だが、その自覚がある人はどのくらいいるのだろうか？

実は、八〇パーセントの人が〈確証バイアス〉について知らず、自分にそのようなバイアスがあると感じたことさえないという。答えを間違えた時、わたしたちは「混乱したから」「動揺したから」と感情のせいにしがちだが、実は〈確証バイアス〉のせいなのだ。だが、それで何が悪いというのだろう？　常に合理性を追求する〈ホモ・エコノミクス〉理論には反するが、わたしたちは論理学者でも統計学者でもないのだから。

二〇〇二年、〈ホモ・エコノミクス〉理論はとうとう壊滅的な打撃を受ける。イスラエル系アメリカ人の心理学者、ダニエル・カーネマンがノーベル経済学賞を受賞した年だ。一九七〇年代初めより、カーネマンは同じく心理学者のエイモス・トベルスキー（一九九六年に死去）と共同で研究を行ない、わたしたちが日常的に行なっている直観的思考を〈ヒューリスティクス〉と命名した。そしてカーネマンのノーベル賞受賞を機に、〈ヒューリスティクス〉は大きなブームとなり、〈ホモ・エコノミクス〉の存在を脅かすようになったのだ。

〈ヒューリスティクス〉は、〈論理〉とは似て非なる思考方法だ。もっと適当で大ざっぱだが、日常生活を送るには十分だ。ぴったり正確ではなくても、だいたい正しい答えが得られるので、ふつうに暮らす分にはとくに問題はない。細かくて面倒くさい〈論理〉なんかに頼らなくてもいい。論理的に思考すれば、確かにより正確な答えを得られるが、疲れてへとへとになってしまう。

こうして、ノーベル経済学者によって公の場で全否定された〈ホモ・エコノミクス〉は、すっかり落ちぶれてしまった。それと入れ替わるようにして、行動経済学が脚光を浴び、高く評価されるようになった。これは、「人間は必ずしも最大の利益を求めるわけでも、常に合理的な行動をするわけでもない」という考え方で、〈ホモ・エコノミクス〉とは真逆になる。とりわけ、世界的な不況のせいで従来の経済モデルが疑問視されつつある今、行動経済学はますます注目を集めている。

行動経済学の研究では、これまでのような非現実的な状況ではなく、よりリアルな状況での思考や意思決定のプロセスを観測する。その結果……実に不名誉なことに、わたしたちの思考は〈バイアス〉だらけであることが判明したのだ！　どうやらわたしたちは、いつも行き当たりばったりに考えたり判断したりしているらしい。以来、わたしたちの不完全な思考は、社会心理学、認知心理学、神経科学において重要な研究テーマとなった。そしてさまざまな研究が重ねられるにつれて、「人間は合理的な生き物である」という神話がどんどん崩壊していったのだ。

一九五五年、社会心理学者のソロモン・アッシュは「人間はまわりに合わせるために自分の考えを覆すことがある」と、ある実験によって証明した。複数の被験者の目の前に、複数の線が描かれている。一本の線（標準線）と同じ長さのものを選ぶよう問われた時、明らかに違う長さに思われても、他の人たちが全員その線を選んだ場合、自分もその線を選んでしまうのだ。

二〇〇五年、アトランタのエモリー大学の神経科学者、グレゴリー・バーンズは、ＭＲＩで被験者の脳を観測しながらアッシュの実験を再現した。すると、驚くべきことが判明した。明らかに長さが違う線を選んだ時の被験者の脳は、認知の対立を処理する部分ではなく、空間認識を処理する部分が活性化されていたのだ。つまり被験者には、ふたつの線の長さが同じに見えたと考えられる。他者の判断はわたしたちの知覚さえ変えてしまう。ついさっきまで「非常識」だったものが、いとも簡単に「真実」になってしまうのだ。

ここで教訓。誤った判断をひとつの見解にすぎないとあなどってはいけない。その過ちはわたしたちの知覚を、そして現実を変えるのだ。わたしたちに幻覚をもたらし、盲目にする。気をつけなくてはならない。

わたしたち人間の悲しき〈バイアス〉と〈ヒューリスティクス〉は、著作物にも多く登場する。スイスの作家、ロルフ・ドベリは、著書『なぜ、間違えたのか？　誰もがハマる52の思考の落とし穴[*1]』〔邦訳：サンマーク出版〕で、日々の思考の罠に陥らないテクニックを伝授する。とくに、それがエコノミストやジャーナリストが仕掛けた罠であるなら、十分に注意する必要があるだろう。

天は自ら過る者を助く

一方、ジャーナリストのキャスリン・シュルツの見解は、ドベリとは正反対だ。著書『まちがっている　エラーの心理学、誤りのパラドックス[*2]』〔邦訳：青土社〕で、シュルツは「間違えて何が悪いの？」と開き直る。「間違いから学び、その経験を肥やしにして、有益でクリエイティブなものを生みだせるかどうかは自分次第」と言うのだ。もはやこれは、心理学者やエコノミストだけの問題ではない。わたしたちは合理的になって自らのミスを悲嘆すべきなのか？それとも、失敗をチャンスとみなすべきなのか？……おそらくどちらも必要なのだ。

ダニエル・カーネマンは、著書『ファスト&スロー　あなたの意思はどのように決まるか？』[*3]〔邦訳：早川書房〕で、わたしたちが「システム1」と「システム2」という二とおりの速さで思考していることを証明している。

「システム1」はまさに〈ヒューリスティクス〉だ。自動的に思考する。完全に正確ではないが、その分スピーディーだ。目の前の情報をフル活用して、感覚的にさっと意思決定を済ませ、すぐに別の思考に移る。そのため、物事を大ざっぱにとらえたり、誇張したり、なおざりにしたりしがちだ。多くの場合はそれでもどうにかなるのだが、時にうまくいかないこともある。そういう時は「システム2」の登場だ。「システム2」はパワフルで、正確で、念入りだ。一流アスリート並みのハイレベルな思考をやってのける。やっつけ仕事は大嫌い。たとえ遅くなっても構わないから、じっくり取り組もうとする。あなどれない相手だ。唯一の欠点は、怠け者であること。「システム1」が必死に働きながらどうにかやっているうちは、「システム2」は何もせずにぶらぶらしている。「システム1」がにっちもさっちもいかなくなってから、初めてようやく重い腰を上げるのだ。だが、そこからは「システム2」の独壇場で、多大なエネルギーを使ってしゃかりきに働く。そのクオリティの高さはお墨つきだ。「システム2」のおかげで、わたしたちはそうすべき時にきちんとした思考ができるのだ。まあ、面倒なのであまりやりたくないかもしれないが。

だが、わたしたちの思考は、冷徹で形式的な〈論理〉とは違って、一〇〇パーセントの完璧さを目指すことは決してない。一九七八年にノーベル経済学賞を受賞したハーバート・サイモンは、わたしたち人間も合理的な思考はするが、それはごく限られた合理性、〈限定合理性〉にすぎないと述べている。だからこそ、人類はこれまで生きのびてこられたのだ。

もしわたしたちの祖先が、捕食者や敵にばったり出くわした時、ロダンの〈考える人〉のようなポーズをとって「逃げるべきか」「戦うべきか」と沈思黙考していたら、人類はとっくの昔に絶滅していただろう。だから、たとえ時折ミスをしようと、「システム1」はなくてはならない思考メカニズムなのだ。

わたしたちは、おかした失敗を嘆いたり、ミスを悔やんだりする傾向があるが、それらの失敗を糧にして「システム2」をコツコツと開発し、いざという時に備えている。人間には完璧な〈論理〉は備わっていないが、ふたつの不完全な思考システムを状況に応じて使い分けることで、この複雑で、不安定で、不確かな環境をどうにか生きのびているのだ。

そう、過ちこそが人間だ。つまり、過ちをおかすからこそ、わたしたちは人間らしくいられるのだ。

◎マーティン・ブレインの〈メンタルロジック論〉

人間は物事を命題論理にしたがって思考するという理論。つまり、自分自身の経験やまわりの状況には関係なく、抽象様式(定式)にしたがって考える。

例：aならばbである→aである→したがってbである

(モーダスポネンス：肯定によって肯定する様式)

aならばbである→bではない→したがってaではない

(モーダストレンス：否定によって肯定する様式)

◎チェン＆ホリオークの〈実用的推論スキーマ説〉

人間は、経験によって得た知識、および、条件様式(もし、ならば)にしたがって思考するという理論。ある一定の条件において、もし◯◯であれば、××である(××ではない)、となる。

例：もし猛スピードで車がやってくるなら、わたしは道路を横断しない。

◎ジョンソン=レアードの〈メンタルモデル〉

人間は、単純な論理のルールにしたがうのではなく、実例や反例によって脳内にイメージされた表象にしたがって思考するという理論。

Column

純粋論理批判

ジャン=フランソワ・マルミオン

〈ホモ・エコノミクス〉は「純粋論理」にしたがって行動する。つまり、あらゆることを〈演繹〉によって思考する。まずは確固たる事実（前提）があって、そこから論理的に考えて信頼できる「結論」を導きだすのだ。だがこれは、わたしたち人間がふつうに行なっている思考方法を完全に無視した理論だ。わたしたちはふだん、自らが個人的に観察したいくつかの事柄をベースに、一般的な法則を導きだしている。つまり、〈帰納〉だ。そうして出された結論は、不確実かもしれないが、それでもどうにかやっていけている。トゥールーズ経済学院の研究部長、フランス国立科学研究センター（CNRS）才能賞で銅賞を受賞した認知心理学者、ジャン=フランソワ・ボヌフォンは、自著『思考者とそのモデル』（未邦訳）でこう述べている[*1]。

「わたしたち人間は、あらゆるデータを統合しながら複雑な思考を行なっている。演繹はそのごく一部にすぎない。たとえば、自分の好み、ここに現れたら嬉しいもの、そうなったらいいのにと思うことなども、思考には反映される。だが長年、わたしたちの思考は非現実的なことに基づいて研究され、それが何のためか、誰のためか、ということはなおざりにされてきた。まるで、現実的な目的など何もない、ただ思考したいがために思考しているかのようにみなされてきたのだ。だがわたしたちは、常に何らかの目的を持って思考しているし、時には他人のために思考することもある。ほかの人々について思考する時のわたしたちは、その人たちが望むだろうと思われることも考慮しているのだ」

それに、たとえ常に演繹によって思考したいと望んだとしても、そうすることは不可能だろう。ごく単純に、わたしたちが思考する際に、確固たる前提などめったに存在しないからだ。

「もちろん、昔から、人間は確固たる前提がなくても思考できるとみなされていた。ただ、それは副次的だと思われていたのだ」と、ボヌフォンは述べる。

「だが、やがて研究者たちは、本当は逆であることに気づいてしまった。つまり、確かな事実に基づいて思考する〈演繹〉こそが副次的だったのだ。わたしたち人間が元々持っているのは、知識や経験の断片といった不確かなデータに基づいて思考する能力だ。〈演繹〉を使うのはごく一部のケースに限られている。だが、不確かなことから思考ができるなら、確実なことから思考することも十分に可能だ。『難事をこなせる者は些事もこなせる』のだ」

非現実的な理論において、わたしたちは確実なことだけを考慮して、自分がおかした思考ミスや論理の誤りさえ見ないふりをする。理想の世界において「純粋論理」によって導かれた結論は、まるでフランス式庭園のように完璧だ。だが、現実世界における結論は、ジャングルにそびえる一本の木なのだ。

Column

バイアスとヒューリスティクス

ジャン=フランソワ・マルミオン

わたしたちは実にさまざまなやり方で日々思考している。ここでは、わたしたちの思考に影響を与える〈バイアス〉（思考ミス）と〈ヒューリスティクス〉（ざっくりした答えを自動的に導きだす思考方法）のパターンをいくつか紹介する。いずれも心理学者の研究によって証明されたものばかりだ。

代表性ヒューリスティック：リンダ問題

一般的な状況より特殊な状況のほうの確率が高いと思いこむことを〈代表性ヒューリ

スティック〉という。有名な例が、カーネマンとトベルスキーが発案した〈リンダ問題〉だ。リンダは三〇代の独身女性だ。大変聡明で、差別や社会正義に関心を抱き、学生時代に社会運動をしていた。では、彼女は次のどちらである可能性が高いか？

（1）銀行の窓口係

（2）銀行の窓口係でフェミニズム活動家

こう問われると、多くの人が、（2）と答える。差別や社会正義に関心のある女性なら、フェミニズム活動家に違いない、と推測するからだ。だが、これは非論理的だ。リンダの特徴がどうあれ、統計学的に考えると、ふたつの特徴（銀行の窓口係とフェミニズム活動家）を併せ持つより、ひとつしか特徴がない（銀行の窓口係）ほうが、確率が高いに決まっているからだ。

アンカリング／アジャストメント（係留／調整）：確信がない時は、すでに与えられた情報を基準にしようとする

〈アンカリング〉（係留）は初めに与えられた情報に引きずられる傾向を、〈アジャストメント〉（調整）は次に与えられた情報で調整しようとする傾向を指す。具体例を挙げよう。まず、「六九」「一三四」「四〇七」など、ランダムな数字が書かれたくじを引く。そして次の質問に答える。

「国際連合加盟国は何カ国か？」

すると、最初に引いたくじの数字が大きいほど、答えの数も大きくなるのだ。このことは専門家による実験できちんと証明されている（ちなみに正解は一九三カ国〔二〇一九年時点〕）。確信がない場合、わたしたちはすでに提示された情報を基準にして推測を行なう。それがたとえたまたま出てきた数字で、その後の問題とは無関係でもそうなのだ。

利用可能性ヒューリスティック：インパクトが強いことが正しいと思いこむ

わたしたちは、強く印象に残ったことの記憶や、つい最近起きたことの記憶を優先する傾向がある。これを〈利用可能性ヒューリスティック〉という。たとえば、ある統合失調症の人が殺人をおかしたとする。もしその事件が深く心に刻まれたなら、たとえ統合失調症についてよく知らなくても、すべての統合失調症の人が危険だと思いこむかもしれない。あるいは、誰かが「あの電車はいつも遅れる」と言った場合、それは電車が時間どおりに来た時より、遅れた時のほうが強く印象に残っているせいでそう言っただけかもしれないのだ。

損失回避性：得る期待より失う怖さ

わたしたちは、利益がもたらす満足より、損失がもたらす苦痛をより大きく感じる傾向がある。これを〈損失回避性〉という。「表が出たら一万円支払わねばならず、裏が出たら一万五〇〇〇円もらえる」というコイン投げギャンブルに乗り気になれないのは、一万円を失うかもしれない怖さのほうが、一万五〇〇〇円をもらえるかもしれない期待より大きいからだ。この〈損失回避性〉は、カーネマンとトベルスキーによって提唱された〈プロスペクト理論〉の重要な要素とされる。〈プロスペクト理論〉とは、不確実性下における意思決定モデルだ。これによると、わたしたちは、利益の場合は少なくても確実に得ることを望み（ローリスク・ローリターン）、損失の場合はリスクを負ってでも最大限に回避することを望む（ハイリスク・ハイリターン）という。

フレーミング効果：「半分しかない」と「半分もある」はどちらが多いか

まったく同じことを言っているのに、言い方を変えるだけで印象が変わってしまうことを〈フレーミング効果〉という。例を挙げよう。あなたは次の飛行機のどちらに乗りたい？
（1）九七パーセントの確率で着陸に成功する飛行機
（2）三パーセントの確率で墜落する飛行機
ほとんどの人が、衝動的に（1）を選ぶだろう。実際はどちらのリスクも同等だ。

確証バイアス：なおざりにするか、目をつぶるか

わたしたちは、自分の考えが正しいかどうかを考える時、その考えを肯定する情報ばかりを探し、否定する情報はなおざりにする傾向がある。これを〈確証バイアス〉という。〈確証バイアス〉は日常的にあちこちに見られる。一例を挙げよう。

「あたし、占いを信じるわ。だって、『アメリカで二〇〇一年九月に飛行機事故がある』って当てた占い師が三人もいるのよ。え？　九月一一日にテロがあると当てた占い師はいなかっただろうって？　そんなこと、知らないわよ。じゃあ、あたしが間違ってるっていうなら科学的な証拠を見せてちょうだい。とにかく、今の科学はまだまだよ。だって、占いがどうしてこれほど当たるかについて、納得がいく説明ができないんだから」

ここには、心理学者のジェフリー・マンローが提唱する〈科学の無力性に訴えた弁解〉も含まれている。科学の力が及ばないジャンルにおいて、「科学的に証明できないのだか

らわたしは間違っていない」と、自らの考えを正当化させようとする傾向だ。

後知恵バイアス：そうなると思ってた！

物事が実際に起きてから「そうなると思ってた」と考える傾向を〈後知恵バイアス〉という。

「え？　この選挙結果には意表を突かれたんじゃないかって？　とんでもない！　実を言うと、この結果以外にはありえないと思っていましたよ」

ある政治アナリストがそう述べた。そして、この結果をもたらしたと考えられるごく一般的な事実や傾向を、ひとつずつ並べたてたのだ……選挙前はそんなことは一言も言っていなかったくせに。まるで、未来の見取り図はきちんと作ってあったのにうっかり見せ忘れてしまったのだ、と言わんばかりだ。

権威への服従原理：〈ミルグラム効果〉

高い地位、権力、肩書きがある人の言うことを無条件に信じたり、その命令にしたがったりする傾向を〈権威への服従原理〉という。

ある日、ナポレオンのコスプレをした男が路上に現れ、「もうすぐこの町にUFOがやってくる。宇宙の有害ガスをまき散らすかもしれない」と言って、通行人たちにガスマスクを差しだした。その後、同じ男が今度は白衣を着て路上に現れ、先ほどと同じことを行なった。さて、通行人の反応はどうだったか？　実は、コスプレ男のことばには誰も耳を傾けなかったが、白衣の男からはみんなガスマスクを受けとったのだ。

一九六〇年代、心理学者のスタンリー・ミルグラムの実験によって、この〈権威への服従原理〉が初めて科学的に証明された（そのため、この心理効果は〈ミルグラム効果〉とも呼ばれる）。この実験では、ごくふつうの善良な人たちが、白衣を着た科学者らしい男（実験のための偽物だったが）の命令に逆らえず、高圧の電気ショックを他人に与えつづけたのだ。

自己奉仕バイアス：わたしが転んだのはヴォルテールのせい

このプロジェクトが成功したのはわたしが優秀だったからだ。失敗したのはみんなが協力してくれなかったからだ……。このように、成功した理由は自分にあり、失敗した原因は他人や外的要因にあると考える傾向を〈自己奉仕バイアス〉という。ちなみにフランスには昔から、失敗やミスをすると「それはヴォルテールのせい」と言う習慣がある。

一方、これと似ていて混同しやすいのが〈根本的な帰属の誤り〉だ。こちらは、他人の言動は本人の気質や性格によるものとみなして、外的要因を軽視する傾向のことだ。たとえば、フィデル・カストロを支持する文章を書いた人は、たとえ他人から命じられて書いたのだと説明しても、カストロを支持していたはずだと思われがちだという（このことは一九六〇年代の実験で証明されている）。

錯誤相関：コウノトリと赤ちゃん

たまたま同時に発生したふたつの出来事に相関があると思いこむことを〈錯誤相関〉という。コウノトリを見かけると、いつもその近所に赤ちゃんが生まれる……だが、これは単なる偶然の一致で、両者は相関関係にない。

〈錯誤相関〉は日常的によく起こるバイアスだが、時に激しい議論の的になることもある。たとえば、ここ二〇年ほどで自閉症の症例が急増しているが、ちょうどこの時期にインターネット利用者が増えたので、ふたつの現象は相関関係（または因果関係）にあるのではないかと言われている。最初にそう発言したのは神経科学者のスーザン・グリーンフィールドだが、科学的根拠がないので専門家たちから批判の声が上がっている。

ハロー効果：あばたもえくぼ

他人が持つ目立つ特徴のせいで、その人の別の側面についての評価が歪んでしまうことを〈ハロー効果〉という。

「きみってすごくきれいな目をしてるね。だからきっとやさしくて、頭がよくて、正直で、脇の下もいい匂いがするんだろうなあ」

え、バカバカしいだって？　だが、こうしたことは現実に頻繁に起きている。たとえば学校では、見た目がカッコよかったりかわいかったりする生徒はまじめで頭がよいと思われ、通知表の点数が高くなる傾向があるという。ひどい話だ。とくに、外見がごく平凡な人間にとっては。

認知バイアスとバカ

エヴァ・ドロツダ＝サンコウスカ

社会心理学者、パリ・デカルト大学教授。著書に『社会と環境の脅威　リスク社会を再考する』（2017年）、『論理の罠　どうして自分は正しいと思いこむのか』（1997年）がある（いずれも未邦訳）。

最初に、正直な気持ちを告白しておきたい。本書に記事を書いているほかの人たちもそうかもしれないが、友人同士で楽しく話をしている最中に本書の企画を知り、弾みで執筆を引き受けてしまった。だが正直、わたしに与えられた「認知バイアスとバカ」というこのタイトルには納得がいかない。まるで「認知バイアス」と「バカ」が関連しているかのように勘違いされそうだからだ。

まず、ふたつの点を明らかにしておこう。

ひとつは、「バカ」という単語についてだ。「バカ」とは、行動、発言、態度を形容するのに使われる形容動詞で、たとえば「軽率」に比べると侮蔑の意味合いがかなり強い。そのため、この単語を他人に対して使う場合、強い戒めの気持ちがこめられる。自分自身に対して使う場合は、強い自戒の念がこめられる。わたしが「なんてバカなことをしたんだろう」と自分について言う時は、もう二度と同じことはすまい、恥ずかしい、という後悔の表れなのだ。「バカ」にはそれほど強い意味がある。その一方で、わたしはフランス語は母語ではないが、どうやらフランスでは「バカ（Connerie）」はそれほど下品なことばではないようだ。わたしの知り合いはことばの使い方にはやかましい人たちばかりだが、しょっちゅう「バカじゃないの！」と言っているからだ。

ふたつ目は、〈認知バイアス〉についてだ。〈認知バイアス〉は「バカ」ではない。決してそう形容されるべきではない。〈認知バイアス〉とは、脳の情報処理と思考におけるさまざまな

「傾向」だ。論理や確率論におけるルール違反をするせいで、時にわたしたちを誤った方向へ導くこともあるが、基本的には非常に実用的な〔スピーディーに物事を判断するための〕「ショートカット」である。脳の情報処理にバイアスがかかることは、決して知性の欠如を意味しない。わたしたちの日々の思考は、単に思考をするためではなく、行動に移すことを目的に行なわれている。その思考力の高さの表れこそが〈認知バイアス〉だ。どう行動すべきかを判断するために、個人の知識、能力、ノウハウを駆使して一生懸命考えるからこそ、〈認知バイアス〉がかかるのだ。わたしたちは、たとえバイアスについての知識があっても、実際にバイアスがかかっている瞬間はそのことに気づかず、後になってからようやくわかる。専門家によると、たまたま感知する機能が一時的に不具合を起こしているだけで、感知する機能がないわけではないという。

バカと〈代表性ヒューリスティック〉

バカと〈認知バイアス〉の違いを明らかにしたところで、まずは「予測判断」について考えてみよう。いくつかの断片的な情報をもとに物事を予測し、何が正しいかを判断するのはとても大切なことだ。予測判断ができなければ、わたしたちは生きるのが難しくなるし、もしかしたら生存できなくなるかもしれない。ところがそれにもかかわらず、いやむしろそれゆえに、わたしたちは重要な情報をなおざりにして、どうでもよい情報を頼りに予測判断をしてしまうことがある。その時、わたしたちは自らの誤りに気づかない。自分が正しいと信じて間違いをおかしている。このような、予測判断の誤りは「バカ」とかなり似ているように思われる。

一例としてここで、〈弁護士・エンジニア問題〉を紹介しよう。ある心理学者が、七〇人のエンジニア、三〇人の弁護士の計一〇〇人と面接をし、それぞれの特徴を紙に書きだした。そのうちのひとりの特徴は次のとおりだ。

「ジャンは三九歳の男性。既婚者で、ふたりの子の父親だ。居住地の自治体の執行委員を務めている。趣味は希少本の蒐集。検定試験マニアで、他人と議論をしながら自分の考えをわかりやすく述べて、相手を説得するのが得意だ」

さて、ジャンはエンジニアだろうか、それとも弁護士だろうか？　その確率は？

この問いかけに対し、ほとんどの人が「ジャンは九〇パーセントの確率で弁護士だ」と答える。だが、正解は「ジャンは七〇パーセントの確率でエンジニア、三〇パーセントの確率で弁護士」だ。いったいなぜか？　まず、ジャンが弁護士である可能性を推測するには、ふたつの情報が必要になる。

（1）全体における弁護士数の比率（基準率）
（2）ジャンの特徴が弁護士であることを示す可能性（個人情報）

（1）の情報はすでに提示されている。面接を受けた合計人数は一〇〇人で、弁護士は三〇人なので、ジャンが弁護士である確率は三〇パーセントだ。だが、（2）の情報は提示されていない。年齢、家族構成、趣味、特技……こうした「人物描写」のいずれも、ジャンが弁護士であることを証明してはいない。理論的に考えると、この「見知らぬ相手」であるジャンに関して、（2）の情報については以下のいずれかの立場をとるべきである。

（3）情報が提示されていないので、正確な可能性はわからない。
（4）可能性は不変。ジャンの特徴が弁護士であることを示す可能性と、エンジニアであることを示す可能性は同等である。つまり、（2）の情報を知ろうが知るまいが何も変わらない。

だが、このように考える人はほとんどいない。

「そりゃそうだよ、ジャンはいかにも弁護士っぽいじゃないか。ちっともエンジニアタイプじゃないよ」

こうした確信が、ジャンを「見知らぬ相手」から、まるで「知っている相手」のようにしてしまうのだ。以上は、ダニエル・カーネマンとエイモス・トベルスキーが創作した心理学問題を多少アレンジしたものだ。当然、ジャンの特徴は、わざと弁護士らしい印象を与えるステレオタイプにしてある。だが、どうしてわたしたちは、いとも簡単にこうした罠に引っかかってしまうのだろう？　なぜ「人物描写」を優先し、「基準率」をないがしろにしてしまうのか？専門的なことは省くが、「弁護士とはこういう人間だ」というステレオタイプを信じこんでしまうのが、大きな要因であることは明らかだ。わたしたちは無意識のうちに、弁護士のステレオタイプとジャンの人物描写を比較して、ジャンが「典型的な」弁護士の特徴を持っていると考える。そして、ジャンは弁護士というカテゴリーの「代表的な」人間だと思いこむ。〈類は友を呼ぶ〉ということわざどおり、同じカテゴリーには同じタイプの人間が集まると信じられているからだ。こうして、全体における弁護士数の比率が低いにもかかわらず、ジャンはエンジニアではなく弁護士であるとほぼ確信してしまうのだ。

このように、「基準率」より「人物描写（ステレオタイプとの類似性＝代表性）」を優先する認知バイアスを、心理学用語で〈代表性ヒューリスティック〉という。ほかのヒューリスティクスと同様、脳の情報処理と思考のショートカットだ。これを使うおかげで、わたしたちは予測判断ができるようになる。決して論理的なやり方ではないが、たいていのケースではうまくいく。わたしたちは、無意識にこの〈代表性ヒューリスティック〉に頼ることで、解決すべき問題をシンプル化し、正しくないと思われる選択肢を排除しながら思考しているのだ。だが、〈弁護士・エンジニア問題〉で見てきたように、このショートカットにはリスクも伴う。

バカと〈利用可能性ヒューリスティック〉

〈弁護士・エンジニア問題〉のような予測判断における認知バイアスは、知性の欠如、つまり「バカ」のせいで起こるのだろうか？　わたしはそうは思わない。だがわたしたちが、自分の考えを「反証する情報」をなおざりにして、「確証する情報」を優先する傾向が強いことは確かだ。先の〈弁護士・エンジニア問題〉も、そうした多くのケースのひとつと言えるだろう。

この傾向をより深く理解するために、今度はピーター・ウェイソンの〈246課題〉を紹介しよう。初めはごくありふれた問題にすぎないように見えるが、最後にあっと驚く結末が待っている。また、わたしたちが持つもうひとつの傾向、「単純なことをわざわざ面倒くさくする傾向」も、これによって明らかにされるだろう。

問い：「2　4　6」。この三つの数字におけるルールを考え、そのルールが正しいかどうかを確かめるために、別の三つの数字を挙げよ。

被験者の回答に対し、心理学者は、（1）数字がルールに合っているか、（2）そのルールは正しいか、を答える。以下は、そのやりとりの一例だ。

被験者　「8　10　12。ルールは、ふたつずつ増えていく偶数」
心理学者「数字は合っているが、ルールは間違っている」
被験者　「8　42　56。ルールは、増えていく偶数」
心理学者「数字は合っているが、ルールは間違っている」
被験者　「7　36　673。ルールは、増えていく数字」
心理学者「数字もルールも正しい」

この被験者は、三回目にしてようやく正しいルールを発見できた。もっと早く発見できなかっただろうか？　だがこの課題を与えられて、すぐにルールを発見できる人はほとんどいない。前述したように、わたしたちは自分の考えを「反証する情報」より、「確証する情報」を優先する傾向が強いせいだ。

この課題の被験者のほとんどが、初めは「ふたつずつ増えていく偶数」がルールだと考える。だから、「8　10　12」のように、自分の考えに合う数字を挙げる。だがこの時、あえて自らの考えの反証として「3　5　7（ふたつずつ増えていく奇数）」を挙げておけば、もっと早く正しいルールを見つけられたはずだ。ところが、この手の課題で自分の考えに反することを挙げる人はほとんどいない。自分が考えるのとは違う答えを述べるなんて、バカげていて、おかしなことだと思ってしまうからだ。だが、こうすれば、自らの考えに疑いを抱くことができる。早い段階で自分の考えに疑いを抱ければ、先の〈弁護士・エンジニア問題〉でも、弁護士のステレオタイプを頭から信じこむことはなかっただろう。エンジニアだって自治体の執行委員を務めたり、希少本を蒐集したりするかもしれない、と想像できたはずだ。

〈弁護士・エンジニア問題〉と違って、この〈246課題〉では、ほとんど情報が与えられない。だからこそ、わたしたちは少ない情報を最大限に利用しようとし、偶数であること、数がふたつずつ増えていくこと、のいずれをも考慮してしまうのだ。三つの数字は覚えやすいため、わたしたちの脳にしっかりと刻まれ、常に利用可能になる。こうした取りだしやすい情報を優先的に使って判断する傾向を、〈利用可能性ヒューリスティック〉という。〈246課題〉の場合も、ごくわずかな情報を優先することで、確証の罠に陥ってしまうのだ。

〈弁護士・エンジニア問題〉と〈246課題〉は、わたしたちが自分の考えを確証したがる傾向が強いことを示している。だが、〈246課題〉はそれに加えて、わたしたちが一般的な仮定より特殊な仮定を立てたがる傾向が強いことも示している。一般的な仮定は、正解にしてはあまりにもシンプルでわかりやすすぎる。もし最初から「ルールは、増えていく数字」と答えたら、たとえそうかもしれないと思ったとしても、答えとしてはくだらないというか、ちょっと「バカバカしい」と思ってしまうのだ。こうした傾向はジョークのネタにもされがちだ。たとえば、こういうふうに。

「警察官はなぜ青・白・赤のサスペンダーを身につけるのか？」

こう問われると、誰もが「警察官は国家公務員なので、フランス国旗の色である青・白・赤のトリコロールを身につけなくてはならないから」などと答えるが、正解は「ズボンがずり落ちないため」だ。あなたは、このジョークをバカげていると思うだろうか？　あるいは、「まんまと引っかかった！」とバカ笑いをするだろうか？

「バカ」はためになることば

無知は決して「バカ」ではない。そう主張する人たちは少なくないし、わたしもそれに同意したい。無知は学びの大きな原動力になりうるからだ。ただしそのためには、自分が無知であること、自分が知らないのは何であるかということに、きちんと気づく必要がある。一方、脳の情報処理における「バイアス」や、思考における「傾向」は、気づかずに見すごされてしまいがちだ。しかも問題は（そしてこれは大きな問題なのだが）、たとえわたしたちが自らの「バイアス」や「傾向」に気づけたとしても、なかなかそこから抜けだせないということだ。このことは、自らの考えに疑いを抱きにくい状況においてより顕著である。

本物の「バカ」とは、自らの知性に過剰な自信を抱き、決して自分の考えに疑いを抱かない人間のことだ。哲学者のハリー・フランクファートが著書『ウンコな議論』〔邦訳：筑摩書房〕で述べているように、バカは嘘つきより始末に負えない。嘘つきは真実が何であるかを知っているが、バカは真実には関心がないからだ。バカを撃退するには、相手を告発すること、つまり、相手を「バカ」と命名することが大切だ。自分自身に対しても、「バカ」という形容動詞をどんどん使っていきたい。そのことばが、自らの考えの誤りを認めた上での恥ずかしさの表れであるなら、それは気づきを得た証拠であり、自己修正のスタート地点となるからだ。同時に、他人に対しても「バカ」ということばを積極的に使いたい。冗談っぽく言ったり、皮肉をこめた口調で挑発したりすれば、相手への警告として役立つだろう。さらに相手が誤りに気づくきっかけを与え、自己修正を可能にするかもしれない。

二とおりのスピードで思考する

ダニエル・カーネマン

心理学者、プリンストン大学名誉教授。エイモス・トベルスキーと共同で行なった「プロスペクト理論」と「ヒューリスティクス」研究が評価され、2002年にノーベル経済学賞を受賞。著書に『ファスト&スロー　あなたの意思はどのように決まるか？』村井章子訳（早川書房、2014年）がある。

貴著『ファスト&スロー』には、わたしたちの脳はふたつのシステムで思考と情報処理を行なっていると書かれています。スピードが速い〈システム1〉と、遅い〈システム2〉のふたつだそうですが、それぞれの特徴は?

カーネマン　ふたつのシステムは互いに補いあっています。たとえば「イギリスの首都は?」と尋ねられたら、多くの人は自動的に答えが思い浮かぶでしょう。これはシステム1の働きです。ほとんど努力をすることなく、無意識に、スピーディーに思考する。状況をすぐに把握して、欲求や印象を生みだす。それをシステム2が承認することで、確信や決断に変わるのです。システム2は、思考や行動をコントロールするなど複雑な働きをします。でも、システム1とは違って、記憶情報とダイレクトにつながっていないので、自動的な判断はできません。情報処理のスピードはかなり遅い。論理的にじっくりと思考しているからです。複雑なかけ算を数式に当てはめて解こうとするのも、システム2の仕事です。努力や注意力を必要とし、わたしたちに「自分の意思で行動している」「自分の頭で考えている」という感覚を与えます。システム2のおかげで、わたしたちは主観的に「わたしはわたし自身だ」と思うことができるのです。わたしたちは、証拠や理由があるから確信を抱くのだと考えがちですが、脳内では別の働きが起きているのです。

システムーは、わたしたちの人生をシンプルにするために、現実をシンプル化、つまり単純にしているのでしょうか？

カーネマン 人生をシンプルにするためかどうかはわかりませんが、システム1が現実を単純化することは確かです。そのせいで認知バイアスがかかることがあります。でも、システム2でも間違えることはあります。事実とは異なる情報を信じこんでしまったり、相対性理論を理解できなかったりするのは、システム2がうまく機能していないせいです。ある意味では、システム1は感情のシステムと言ってよいでしょう。自動的に、無意識に、主観的な感情を生みだします。それを承認したり却下したりするのがシステム2です。そうは言っても、システム1が司るのは感情だけではありません。状況を把握したり、知覚したり、行動を決定したりすることにも関わっています。そしてシステム2は思考するだけでなく、システム1をフォローするという重要な役割も担っています。

システム2がシステムーのフォローをしなくてはならないのはどういう時なのでしょうか？

カーネマン 目の前の問題の解決策が見つからなかったり、相反するふたつの物事のどちらがよいか決められなかったり、論理的なルールや社会的なマナーに違反しようとしたり、突発的な出来事が起きたりした時です。気持ちを集中させ、注意を傾けるなど、一定の努力が必要とされます。でも、システム1から2へ急にスイッチが切り替わるわけではありません。ふたつの間をずっと行ったり来たりしている状態です。脳には、システム1の感情とシステム2の論理が葛藤する特殊なエリアがあるのです。

ふたつのシステムが属する脳のエリアはどこですか？

カーネマン　システム2が属している特定の場所はないと思います。前頭前野が大きく関わっていることは確かですが。でも、脳科学はわたしの専門ではありませんので、これ以上のことはわかりません。

今あなたは、わたしの質問に正確に答えようとしてシステム2を使い、同時にご自身がよく知っていることについてはシステム1を使って即座に答えている……ということでよいですか？

カーネマン　わたしは今、システム1でスピーディーに答えを作り、システム2によってそれをチェックしている状態です。システム2はよく頑張っていますよ。とくにわたしのつたないフランス語をチェックするためにね。

――システム1と2のどちらかだけで生きるとしたら、どうなるでしょうか？

カーネマン もしシステム1だけで生きるとしたら、今よりずっと衝動的な人間になってしまうでしょう。幼い子どものように、頭に浮かんだことを片っ端から口にするようになるはずです。いえ、むしろ酒に酔った状態が一番近いかもしれませんね。酔うとシステム2の働きは鈍くなります。だからといって、社会生活ができなくなるわけではありません。動物がシステム2を持っているとは思えませんが、非常に高度な社会生活を営んでいるものもいますから。逆にシステム2だけで生きるほうが難しいでしょう。というか、想像を絶します。出来の悪いコンピュータのようになってしまうからです。

――睡眠中に夢を見ている時はシステム1だけが働いているのでしょうか？

カーネマン 正直なところ、わたしにはわかりません。夢のことはよく知らないのです。当然、ある意味ではシステム1が働いていると言えるでしょう。夢は無意識に見るものですから。でも、夢の中で論理的に思考することもありますからね。

――芸術的インスピレーションや直観はどちらのシステムで生まれるのですか？

カーネマン　システム1によって生まれて、システム2によって育まれます。システム2が意識的に情報を検索しながら思考すると、その検索をやめた後で自然とインスピレーションや直観が頭に浮かぶこともあります。たとえば、数学者のアンリ・ポアンカレは、バスに乗るためにステップを上ろうとした瞬間、ある難題の解答が思い浮かんだそうです。

――システムーは常に物事の意味を探そうとしている、とあなたは言いました。わたしたちが時に「偶然」に反感を抱くのはそのせいでしょうか？

カーネマン　断言はできませんが、おそらくそうではないかと思います。確かに、わたしたち人間は「偶然」を認めたがりません。システム1は、まわりの状況を把握しながら、無意識のうちに意味のあるストーリーを作りつづけています。そこに時々システム2が割りこんで、意識的に思考したり、システム1の思考を承認したりするのです。

システム一と２のいずれかを使いすぎてふたつのバランスが崩れると、精神疾患になることはありますか？

カーネマン　もちろんあります。自己批判ばかりしているとシステム２が機能障害に陥ってしまい、システム１による思考や行動をコントロールできなくなることがあります。また、システム１自体が機能障害に陥ることもあります。システム１は、過去に繰り返し行なってきたことでスピーディーにこなせるようになった思考や行動を司っています。車を運転する、自分の考えを表現するのに適切なことばを選ぶ、などがそうです。こうして自分自身のイメージを確立して、記憶やストーリーに組みこんでいるのです。この働きがうまく機能しなくなると、不合理なイメージが頭から離れなくなる強迫性障害が引き起こされます。

システム一と２の治療に効果があるのはどういう心理療法でしょうか？

カーネマン　認知療法がよいのではないかと思います。システム２の働きを調整しながら、システム１のリハビリを行なうのに適しているでしょう。でも、わたしは専門家ではないのでこれ以上のことは言えません。

あなたのヒューリスティクスに関する研究によって、わたしたち人間は合理的な〈ホモ・エコノミクス〉ではないことが証明されました。しかし民主主義は、国民一人ひとりがどの政党に賛成または反対すべきか、合理的に考えて投票することで成り立っています。わたしたちは、システムーと2のどちらで政治的信条を決めているのでしょうか？

カーネマン　主にシステム1です。政治的信条は論証では決まりません。つまり、システム2の合理的な思考はほぼ関係ないのです。わたしたちがある政党を支持するのは、自分が好意を抱き、信頼する人間がそこに属しているからです。感情が政治的信条を大きく左右します。ただしわたしはそれ以前に、民主主義が合理的な人間のおかげで成り立っているという考え方に疑問を感じます。民主主義が機能するのに、国民一人ひとりが完全に合理的になる必要などありません。自分の利益になるほうに投票すればよいだけのことです（これはあくまで一般論で、結果は保証しませんが）。むしろ民主主義は、抽象的で身近に感じられないリスクを扱う時に機能しなくなります。だからこそ、温暖化の問題は民主主義ではなかなか解決できないのです。システム1は実感のない脅威には反応しません。感情に訴えないと人々を行動に駆り立てることはできませんし、脅威が現実味を帯びないと人々の感情は動かせません。こうした問題を解決するには、システム2に訴えるやり方を見つける必要があります。確かに温暖化の脅威については、今はまだ身近に大きな変化は感じないかもしれませんが、ある時点に達したら後戻りできなくなります。こうした未来の脅威はシステム2でないと実感できません。

あなたは、著書『ファスト＆スロー』で、人々がよりよい決断をするためのサポートとして、〈ナッジ〉、つまり、〈リバタリアン・パターナリズム〉を推奨していますね（詳細は文末のキーワードを参照）。温暖化の脅威をシステム2に実感させるためにもこの方法は有効でしょうか？

カーネマン　〈リバタリアン・パターナリズム〉とは、個人の自由を尊重しながらよりよい結果に誘導する思想です。〈ナッジ〉は、その思想に基づいて、個人がよりよい選択をするよう促す仕組みのことを言います。人々の自由を損なうことなく、バカなことをするのを妨ぐために使われるなら、これは非常に有効なやり方でしょう。ただし、多くの場合はそれだけでは不十分です。温暖化の問題についても、〈ナッジ〉に頼って社会や経済の方向性を変えるのは難しいと思います。〈ナッジ〉は主にシステム1に働きかけるからです。これは「今ここにいる本人」にとって最良の決断ができるよう手助けする仕組みです。でも残念ながら、システム1は「遠い未来」には関心がないのです。人間の合理性を信用しすぎてはいけません。退職後のことを二五歳の時に決めろと言われても、まったく実感が湧かないでしょう？

あなたは心理学者でありながらノーベル経済学賞を受賞しました。心理学を世に広めるために、ノーベル心理学賞を創設してほしいという思いはありますか？

カーネマン　とくにありません。心理学が政治や社会レベルで認められるには、まずはエコノミストに影響を及ぼさなくてはなりません。でもそれはすでに実現しつつあります。サルコジ元大統領の諮問で設立されたＣＭＥＰＳＰ（経済業績と社会進歩の測定に関する委員会）が提唱した「幸福度指標」、そしてまさに〈ナッジ〉もそうですが、経済学における限界を心理学的な要素によって補う構図はすでにできています。それに、ノーベル賞は人間の幸せにはそれほど貢献しないようにわたしは思います。ノーベル賞を期待していてもらえなかった人の苦しみのほうが、もらえた人の喜びより大きいからです。

現代の心理学が目指すべき目標はありますか？

カーネマン　科学に目標を定める必要があるのでしょうか？　将来何が起こるかわからないのですから、そんなことをしても無駄ではありませんか？　わたしに言えるのはただひとつ、少なくともこれから二〇年間の心理学は、脳研究が中心になるだろうということです。今の学生が関心を抱いているテーマが脳研究で、今後は彼らが指導者になっていきますからね。あえて目標にしなくても自然にそうなるのです。ただ、脳研究はコストがかかります。心理学研究に割り当てられた予算のほとんどがそちらへ持っていかれてしまう。それを不満に思う現役の心理学者は多いですし、自分のやりたい研究ができなくて悲鳴を上げている者もいます。でも、脳研究が今一番おもしろいのは確かです。こうした流行り廃りは、主に技術の進歩と関連しています。脳機能イメージングの技術が今後どこまで進むかはまだわかりません。さらに言うなら、未来のテクノロジー自体がどこまで進むかもわかりません。ただ、そうしたテクノロジーの進歩が心理学の研究に大きな影響を及ぼすことは間違いないでしょう。

インタビュアー：ジャン＝フランソワ・マルミオン

◎**ナッジとは……ジャン＝フランソワ・マルミオン**

ナッジは、直訳すると「ひじで突く」という意味だ。実際は、「後押しをする」という意味で使われている。本人による選択の余地を残しつつ、自発的に望ましい行動をとるよう促す仕掛けを指す。これは、経済学者でシカゴ大学教授、二〇一七年にノーベル経済学賞を受賞したリチャード・セイラーと、法学者でハーバード大学教授のキャス・サンスティーンによって提唱された理論だ。以下、いくつかの実例を挙げよう。

・会社の従業員は、デフォルトで企業年金に加入するようになっている（非加入を選択しなおすこともできるが、ほとんどの人はしない）。

・用紙の両面に印刷をするよう、コピー機があらかじめセットされている（設定を変えることはできるが、ほとんどの人はしない）。

・エスカレーターを使わず、階段を上り下りしてもらうために、ステップをピアノの鍵盤に見立てて白と黒に塗り、実際に音が出るようにしている（エスカレーターを使うことも可能だが、多くの人がおもしろがって階段を使う）。

Column

カーネマンとトベルスキー

ジャン＝フランソワ・マルミオン

ダニエル・カーネマンは、自らの研究の集大成である著書『ファスト&スロー』で、エイモス・トベルスキーに献辞を送っている。それだけではない。本書の序論から最終章に至るまでずっと、カーネマンはトベルスキーに敬意を表しつづけているのだ。

ふたりが出会ったのは、カーネマンが言うところの「一九六九年吉日」だ。カーネマンは三五歳で、エルサレムのヘブライ大学で心理学の講師をしていた。新任講師としてやってきた、三歳年下のトベルスキーの第一印象をこう記している。「とても頭がよく、話好きで、カリスマ性のある男だった。ジョークのネタを大量に持っていて、自説を主張する際にもそれらを巧みに織りこんでみせた。一緒にいてちっとも退屈しない人間だった」

日々、統計データを用いながら研究をしていたふたりは、自分たちの実験結果の多くがデータどおりにならないことを疑問に感じた。そしてベテランの統計学者たちを取材して、みなが同じ過ちに陥っていることを確信したのだ。

ふたりがおよそ三〇年をかけて行なってきた、意思決定理論に関する共同研究は、心理学というジャンルを超えて多くの分野に影響を与えた。ふたりは一九七八年に共に渡米し、別々の大学で心理学教授に就任する。だが共同研究はその後も続き、世界でもっとも権威ある学術雑誌のひとつ、『サイエンス』誌に、一九七四年には〈ヒューリスティクス〉を、一九七九年には〈プロスペクト理論〉を発表。人間の経済行動には〈損失回避性〉という認知バイアスがかかることを証明した。

一九八〇年、経済学者のリチャード・セイラーが、カーネマンとトベルスキーの研究結果をもとに行動経済学の基礎を確立する。これからの経済学研究は、完全に合理的な〈ホモ・エコノミクス〉ではなく、誤った判断をすることもある「ふつうの人間」を対象とすべきだと、つまり対象を「イーコンからヒューマンへ」変えるべきだと述べたのだ。二〇〇八年、セイラーは法学者のキャス・サンスティーンとの共著で『実践行動経済学』〈邦訳：日経BP、原題は「ナッジ」〉を出版し、アメリカでベストセラーになっている。

ダニエル・カーネマンは二〇〇二年にノーベル経済学賞を受賞した。本人は、この賞は一九九六年に他界したトベルスキーのものでもあると述べている。「エイモスとわたしは、たとえ地理的に離れて暮らしていても、ずっと一緒に仕事をすることができた。ふたりで仕事をすることで、ひとりでするより多くのものを生みだすことができた。彼と仕事をするのは、生産的であると同時に、すごく楽しかった」

なぜ人間は偶然の一致に意味を見いだそうとするのか

ニコラ・ゴーヴリ

心理学者、数学者、リール・ノール・ド・フランス教職教育大学院(ESPE)数学講師、人間・人工認知大学研究所(CHArt)所員。著書に『平凡なギフテッド』(2014年、未邦訳)がある。

偶然の一致の中には、単なる偶然で片づけられないほど驚くべきものがあります。ついわたしたちは、そこに何らかの意味を見いだしたくなります。でも、あなたはそれは判断ミスのせいだと主張していますね。

ゴーヴリ　わたしたちのものの見方は、時間と空間のいずれにおいてもかなり限定的です。広い目で見れば、偶然の一致など驚くに足りません。そもそも、問題の考え方が間違っている場合が多いのです。有名な〈誕生日のパラドックス〉を例に挙げましょう。

「二五人が一堂に集まった時、同じ誕生日の人がふたり以上いる確率は何パーセントか」

この問いを考える時、たいていの人は、ヒューリスティクスに頼ってごく単純な論理で思考します。自分と同じ誕生日の人がいる割合を計算しようとするのです。

その場合の確率は非常に低いです。「一年三六五日のうちのわずか一日について合致する相手がいるか」と考えるからです。自分を除いた二四人のうち、自分と同じ誕生日の人がいる確率は六・三パーセントにすぎません。ところが、二五人のうちで同じ誕生日の人がふたり以上いる確率は、実際は五〇パーセントなのです。

ヴァイオレット・ジェソップの例もあります。タイタニック号を含む三大豪華客船のすべての事故に遭遇し、いずれからも無事に生還したという女性です。すごいことのように思えますが……。

ゴーヴリ　このケースの場合、情報量の少なさがポイントとなります。わたしたちは情報が不足していると、予測や思いこみでその穴を埋めようとする傾向があります。もし「タイタニック号の沈没事故を生きのびた女性が、他の大型客船の二回の事故からも生還した」とだけ聞いて、他の情報を何も知らなかったとしたら、多くの人は他の二回の事故もタイタニック号のような大事故だったと思いこむでしょう。ところが実際は違います。ふたつの事故のうち、ひとつはほとんど犠牲者がいませんでしたし、もうひとつは犠牲者がゼロでした。それに、わたしたちはヴァイオレット・ジェソップは一般客だと思いこんでしまいますが、実際は三隻の客船を運航する会社の職員だったのです。

9．11（アメリカ同時多発テロ事件）についても、さまざまなところで「11」という数字が発見されたことから、あの事件は運命づけられていた、予言されていた、などと言われています。でも、あなたはそれも否定していますね。

ゴーヴリ　数字占い（数秘術）やラッキーナンバーといった類いはみんなそうです。コーランには19、聖書には7という数字がそれぞれ数百回ずつ出てきて、特別な意味があると思われています。でも統計学的に見れば、あれほど分厚い本にそのくらいの回数は出てきてもちっともおかしくありません。

数字だけでなく、文字も同じです。聖書には多くの予言が隠されていると主張する人たちがいます。そのうちのひとり、アメリカ人ジャーナリストのマイケル・ドロズニンは、ある暗号解読方式にしたがって聖書の文字を並びかえると、隠されていたすべての予言が浮き彫りになる、と主張しました。もし彼の言うことが正しいとすると、数年前に人類はすでに滅亡していたはずなのですが……。実際は、暗号解読方式やコンピュータによる計算方法などはごまんとあるので、どんなことでもでっち上げられるのです。そう批判されたドロズニンは、「メルヴィルの『白鯨』からも同じくらい多くの予言が見つかるか？　やれるものならやってみろ」と挑発的な発言をしましたが、結果はもちろんドロズニンの惨敗でした。

ちなみに、ドロズニンと同じ暗号解読方式を使うことで、聖書から「神は存在しない」「キリストを憎みたまえ」というメッセージも発見できます。結局、どんなことばであろうが自分の好きなように作りだせるのです。

あなたの本からも？

ゴーヴリ　もちろん！　それからわたしは、パスカルの『パンセ』から「エイズで何千もの人たちが死ぬ」というメッセージを見つけたことがあります。ソフトウェア開発技術者のセバスチャン・ポミエは、ビール酵母のゲノムコードを解読することで「チキンのポテトフライ添え」というメッセージを見つけています。それは、ポミエがその日のランチに食べたばかりの料理だったのですけどね。

もし、ランダムに選んだあるひとつの暗号解読方式だけを使って「チキンのポテトフライ添え」というメッセージを探そうとすれば、見つかる可能性は低いでしょう。でも膨大に存在する解読方式を次々と試していけば、いつかは必ず何かしら見つかるものです。

あなたの計算によると、過去二〇年間で、誰かが死去する夢を見た後で実際にその人物が一週間以内に死去したケースが、世界中で七万二〇〇〇回あったようですね。

ゴーヴリ　計算上の推測にすぎませんが、そうなるはずです。これは、たとえ発生する確率が低くても、分母が増えればそれなりに発生件数が多くなることを示しています。生物物理学者のアンリ・ブロックも、超常現象を扱ったテレビ番組について似たような計算を行なっています。番組の生放送中、ある霊能者が家中の電灯を点けるよう視聴者に命じ、番組放送中に電球を切ってみせると宣言しました。すると、数十人の視聴者からテレビ局に「本当に電球が切れた！」と、おびえた声で電話がかかってきたのです。確かにすごいことのように思えますが、もう一度よく考えてみてください。番組の放送時間は一時間。ひとりの視聴者が点ける家中の電灯は四～五個と推測されます。電球の平均寿命を考えると、番組放送中にフランス中のどこかで数百個の電球が自然に切れてもおかしくない計算になります。電球ひとつずつを考えると、番組中に切れる確率は低いのですが、数十万個をベースにすると発生件数はわりと多くなるのです。

――どうせならその霊能者も、子どもが生まれたり、誰かが死んだりするのを予言すればよかったですね。

ゴーヴリ　確かに。でもわたしたちは、一時間のうちにたくさんの人が生まれたり死んだりしていることは、なんとなく知っています。一方、電球がどれくらいの割合で切れるかは、ふだん話題にしないから知らないのです。予知夢についても同様で、他人が死ぬ夢をふつうはあまり話題にしませんよね。わたしも友人が死んでしまう夢を何回か見たことがあります。あまりにリアルだったので、本当にそうなったらどうしようかと思いましたが、幸いにもそうはなりませんでした。もしそうなっていれば、今ごろ友人をふたりは失っていたでしょう。

占星術師や占い師による予言がいっこうに当たらない、偶然の一致すらしないのはどうしてなのでしょうか。

ゴーヴリ　いえ、けっこう当たっているはずですよ。有名な占星術師のエリザベット・テシエは「二〇一一年九月に何かが起こる」と予言していました。まあ、「一一日」とも「テロ」とも言ってはいませんでしたが。占い師たちはたいてい「〇年×月」「地震」「事件」など、予測しやすいことだけを言います。でも、「九月一一日」は無理です。テシエは自らのことばに信憑性を与えるために、「わたしは飛行機事故も予言していた」とつけ加えました。それを聞いたある人が、コンピュータを使ってランダムに「いつ（年月）」と「何（事件）」を組み合わせて予言をしたところ、テシエより当たる確率がわずかに高かったそうです。これも〈誕生日のパラドックス〉と同じです。「いつ」をいくつかリストアップした上で「何」をひとつ予測すれば、ひとつやふたつの偶然の一致は起こりうるものです。

あなたは、家族療法*1やシンクロニシティなど、一部の心理学者たちの研究アプローチも否定していますね。

ゴーヴリ　家族療法は、クライアントとその先祖の人生に偶然の一致を見つけることをベースにした心理セラピーです。先祖の誰かがクライアントと同じ年ごろの時に似たような経験をしていたのを発見して、つながりを見いだそうとします。〈誕生日のパラドックス〉を少し複雑にしたようなものと言えるでしょう。家族療法を行なう際には、一族の歴史や関係性を詳細に記した家系図の一種、「ジェノグラム」が作成されます。多い時は数百もの出来事が発生年月や年齢とともに記されるので、偶然の一致が見つかる可能性はかなり高いです。ところが実際のカウンセリングにおいては、一致するものが見つからない場合もあります。あまりに何も見つからなかった場合、適当なことをでっち上げる心理カウンセラーもいます。たとえば、ある二四歳のクライアントの大伯父は、三〇歳の時に旅先で死亡していました。するとカウンセラーは、「あなたは三〇代へ向かう変化の過程にあるという点で、大伯父さんとつながりがある」と主張したのです。まるで笑い話です。もうひとつは、わりとよく知られている概念で、わたしもその真偽について聞かれることが多いのですが、シンクロニシティ[*2]（共時性）です。これを提唱したユングは、数学者や物理学者と協力しあって理論を確立しようとしましたが、結局未完のまま終わっています。

それでもわたしたちは、偶然の一致に意味を探してしまいがちです。あなたにはそういうことはないですか？

ゴーヴリ　もちろんありますよ。確率が低いことが他人ではなく自分の身に起こると、驚いて「どうして自分が？」と思ってしまう。この間、子どもたちと一緒に「偶然とは何か」を知るための実験をしていたんです。サイコロを八回振って子どもたちに目を当ててもらい、連続して何回当てられるかを調べました。すると七〇人中、ひとりだけ連続して四回当てた子がいたのです。その子の当たりが続くにつれて、わたしは内心こう思いました。本当に『予言』や『予感』は存在するのだ！

「なんてこった！　どうやら自分は間違っていたらしい。本当に『予言』や『予感』は存在するのだ！」

　でも、よくよく考えると、やはりそんなはずはありません。七〇分の一なら十分に偶然の一致の範疇に入ります。これは「目の錯覚」のようなものです。一瞬だまされそうになっても、よく考えればそうではないことがわかるはずです。

〈バラつきへの過剰な期待〉という現象があります。わたしたちは、目的や意図のない偶然に対して、自分がイメージする「偶然らしさ」を期待しすぎる傾向があるのです。たとえば、複数の人たちが一年のうちのどれか一日をランダムに選んだら、それらの日にちは偏らずに、まんべんなくバラつくのが当然だと思ってしまう。ところが実際は、たとえば一二人が好きな日にちを選んだら、そのうちの二、三個が同じ月に偏るのはよくあることです。ただ、〈バラつきへの過剰な期待〉は、わたしたちがよくやりがちな判断ミスで、それ自体は非合理的ではありません。

つまり、わたしたちは、目的や意図のない偶然も一定のルールにしたがうべきだと思いがちなのでしょうか？

ゴーヴリ　時間だけでなく、空間についてもそうです。ランダムに選んだ日にちはバラつくはずだと思いこむように、ランダムに振り分けられた地点もバラつくのが当然だと思ってしまう。第二次世界大戦中の、ドイツ軍によるロンドン空爆がよい例です。ドイツ空軍の爆撃機は雲の上を飛んでいたので、パイロットたちからは地上がまったく見えませんでした。彼らが爆弾を投下した場所はまったくの当てずっぽうだったのです。ところが、イギリス軍の参謀本部で被弾地点を調べたところ、ほとんどがあるエリアに固まっていて、しかも標的とされるべき場所からことごとくはずれていました。そのため、イギリス軍は「ドイツ軍は間違った地図を使っているに違いない」と結論づけました。ところが、統計学的にデータを分析したところ、実際は被弾地点はとくに偏っていなくて、それなりにバラつきがあることがわかったのです。

でもあなたは、「人類がここまで生きのびられたのは、ある意味では認知の錯覚のおかげと言えるだろう」と述べていましたね。偶然の一致をそのままスルーせず、そこに何らかの意味を見いだそうとしたからこそよかったのだ、と。

ゴーヴリ　進化心理学者たちによると、どうやらわたしたち人類は、偶然の一致に敏感になりすぎてしまったようです。確かに大昔は、偶然の一致を見逃さないことが生きのびる上で重要でした。木の葉が動いているのを見たら、敵が隠れているかもしれないと思って逃げるほうが、誰もいないと思って動かないより、生きのびる確率は高くなります。偶然の一致に対しては、スルーするより過剰反応するほうがよかったのです。

一方、科学研究とは、偶然の一致や相関関係を見つけて、そこに単なる偶然以外の理由を見いだそうとする行為です。非合理的とは言いませんが、まあ、リスキーなやり方です。必ずしも信頼できる結果にたどり着くとは限らないからです。たとえば、ある研究者が科学的に正しい方法で行なった実験で、「モーツァルトを聴くと頭がよくなる」という〈モーツァルト効果〉は真実だと結論づけました。ところが、別の研究者がこの結果を再現しようとしても、どうしてもうまくいかなかったのです。これはおそらく、単なる偶然の一致を有効だと錯覚した〈偽陽性〉だったのでしょう。科学研究においてこうした錯覚はデメリットになります。

最後に、なぜわたしたちは偶然の一致を見つけるととまどうのでしょうか。単に認知的に処理ができないからですか？　それとも怖いからですか？

ゴーヴリ　人間が偶然の一致を怖がるとは思いませんが、たいていの人は説明が欲しいのではないでしょうか。だからこそ科学が生まれたのです。いずれにしても、その点はわたしにはよくわかりません。

インタビュアー：ジャン＝フランソワ・マルミオン

バカのことば

パトリック・モロー

モントリオール・アウンツィック・カレッジ文学教授、雑誌『アーギュメント』編集長。著書に『わたしたちの代わりに考えることばたち　わたしたちの人間性を失わせる新語法』(2017年)、『なぜ子供たちは無知のまま学校を卒業するのか』(2012年)がある(いずれも未邦訳)。

「え？　バカが言いたいことは何だって？　自分でもわかっていないのさ。話すことはやつらにとって鎧を身につけるようなものだ。バカのことばには、何かしらの意味はあるかもしれないが、何ひとつ正しいことは言っていない。ただ単に話をしたいから、沈黙を追いはらいたいから、声をはり上げているだけだ。バカは（中略）、まるで酔っぱらった空中ブランコ乗りがロープにしがみつくように、決まり文句にすがりつく。階段のてすりにつかまるようにできあいのことばにつかまって、決して離そうとしない」

ジョルジュ・ピカール『バカについて』[*1]

わたしたちは誰もがバカなことをする。その頻度はふつうに考えられているよりずっと多い。わたしたちがバカとみなされるのは、ほとんどの場合は話しことばのせいだ。人間の知性は主に話しことばに表れる。そのため、バカなことを言う人物は知性が欠如していると思われがちだ……だが、それは本当だろうか？　いや、もしかしたら、話しことばに限定されるバカがあるのではないか？　知性や知能指数とは無関係に、よく考えずに発せられる「バカのことば」だ。それで思いだされるのが、ジョージ・オーウェルがSF小説『1984年』のために創造した未来社会の言語、「新語法《ニュースピーク》」だ。「脳の高度な部位を使う必要がない」[*2]、決まり文句だけを使ってガアガアとイデオロギーを主張する「ダックスピーク」のためのことばだ。

一見すると、よく考えずに発せられる「バカのことば」と、イデオロギーを主張するために使われる「新語法」との間には、とくに共通点がないように思われるかもしれない。だが、これらふたつの言語は同じ性質を持っている。どちらの場合も、無意識に、不適切な発言がなされるのだ。「バカのことば」と「新語法」の単語や表現は、いずれも話し手の考えや事実を正しく伝えることができない。「新語法」は自説の主張、「バカのことば」はより衝動的、という違いがあるとしても、両者はかなり似通っている。共に単語や表現がまっとうな使われ方をされず、ある意味で常軌を逸している。

さらにこれらは元々は別のものであったのだが、今世の中で同時進行的に起きているふたつの現象のせいで、もはや境目がわからなくなっている。ひとつは、さまざまなイデオロギーが元の意味からかけ離れつつあるという現象だ。これは、フェミニズム、差異主義、反スピーシズム（反種差別主義）、ジェンダー理論などの主唱者たちが、「概念を広めるためのロビー活動」[*3]を活発に行なっていることに起因している。もうひとつは、公共の場にバカが進出しているという現象だ。これは、インターネットやSNSによって多くの機会が与えられているせいである。

「新語法」と「バカのことば」が同一化しつつあることがわかる、よい例を挙げよう。二〇一八年三月、南フランスのトレブという町で発生したイスラム過激派によるテロで、スーパーマーケットで働く精肉加工職人が殺害された。この事件について、あるヴィーガン（完全草食主義者）の女性活動家がフェイスブックにこんな投稿をしたのだ。

「え、何なの？　殺し屋がテロリストに殺されたからって、あんたたち、そんなにショック？　あたしはちっとも。同情なんてしない。やっぱり天罰ってあるのね」

これは、無意識に行なわれた、実に不適切な発言だ。「バカのことば」に限りなく近づいた、現代の「新語法」といえる。

指示対象のズレ：真実を言い表さない単語

この発言を読んだ人が一番ショックを受けるのは、女性活動家が精肉加工職人を「殺し屋」と呼んでいる点だろう。この表現は、不適切で、大げさで、侮辱的な、まさに「バカのことば」だ。ごく最近、フランスのスポーツコメンテーターが、テレビカメラが回っていない間に、サッカーフランス代表チームと対戦したドイツ代表チームのメンバーを「おかま野郎ども」と呼んだのに匹敵する。

わたしたちが口にする「バカのことば」は、第一に「誤ったことば」であり、そして多くの場合は「誇張されすぎたことば」だ。そこで使われる単語は、その単語の持つ一般的な意味からはズレており、指示対象を正しく言い表していない。だが、これは「嘘」とは異なる。なぜなら、「バカのことば」の話し手は、聞き手をだまそうとは思っていないからだ。つまり、「嘘」ではなく「いいかげんなことば」なのだ。「バカのことば」は、真実をいっさい顧みないが、[*4]同時に、そのままストレートにとられること、つまり、ことばどおり受けとられることを意図してもいない。一見すると、その点において「バカのことば」と「新語法」は相反するように思われる。「新語法」の話し手にとって、自らのことばは事実や真実を主張するためのものなので、相手にそのまま伝わらなくてはならないからだ。

テロリストに殺害された精肉加工職人を「殺し屋」と呼ぶことを、ヴィーガンの女性活動家は「バカ」なこととは思っていなかった。むしろその逆だ。彼女は、この単語が一般的な意味からはズレていることを自覚しながら使っている。この単語にあえて新しい意味を付与した上で、「自分は事実を述べ、真実を伝えている」と、主張しているのだ。女性活動家にとって、動物を殺すことは殺人とまったく同じ行為で、動物を殺す者はみな「殺し屋」だ。だから、たとえ今はまわりから理解されないとしても、彼女にとってこの単語を使うのは決して間違ったことではない。単語に新しい意味を付与すること自体は、バカげたことでも何でもない。たとえば、奴隷制度が存在した時代、奴隷を殺すことは「殺人」とみなされていなかったからだ。そう考えると、精肉加工職人を「殺し屋」と呼ぶことは、今はまだ非常識に思えるとしても、女性活動家が時代を先取りしただけであって、誰もが納得する時代がいずれやってくる……のだろうか？　この仮定はもっともらしく聞こえる。オーウェルの「新語法」は、古い言語〔小説執筆当時の現実の英語）の「旧語法《オールドスピーク》」に手を加え、単語の意味を変えることで作られた、進化した言語とされている。女性活動家のケースもそうなのだろうか？

もちろん、違う。その理由は簡単だ。現代の精肉加工職人は動物を殺さない。と畜場で専門業者によって殺されており、精肉加工職人は枝肉と呼ばれる骨つきの肉をステーキ肉にカットしたり、ヒレ肉におろしたりするだけだ。つまり、この女性による「殺し屋」という単語の使い方は間違っており、不適切な用法と言える。

ここに、現代の「新語法」が「バカのことば」と同一化される、ひとつ目のポイントがある。指示対象がズレることで、その単語は真実を言い表せなくなる。かといって、この不適切な用法を「嘘」とみなすこともできない。「バカ」なスポーツコメンテーターは、自らが応援するチームの敵チームのメンバーが、本当にホモセクシュアルだとは思っていなかったはずだ。「イデオロギー主唱者」のヴィーガンの女性活動家の場合、自らが「殺し屋」と呼んだ精肉加工職人が一度も動物を殺したことがないかもしれないとは、考えもしなかっただろう。この種の話しことばにおいて、単語が指示するのはあくまでその単語だけだ。実際の事物は指示対象にはならないので、その単語自体が「自らの指示対象」[*5]になる。その単語が伝達するのは一種の幻であり、真の意味よりも「意義」のほうが優先される呪物崇拝に近い。

単語の〈記号内容《シニフィエ》〉の不安定さ：殺し屋とは何か？

だが、単語の用法の適切さに関する問題は、指示対象が正しければよいというものではない。つまり、その単語が正しい事物を指示しているか、そうでないかを見分けるだけでは足りないのだ。それに加えて、その単語の〈記号内容《シニフィエ》〉、つまり、定義についても考慮しなくてはならない。単語というのは、わたしたちを取り巻く世界の事物を直接表しているのではなく、その事物を分析するために使われる。つまり、その単語を定義する概念にしたがって、その事物に意味が与えられるのだ。

わたしたちは、ヴィーガンの女性活動家にこう指摘することもできるだろう。もし動物を殺す者をすべて「殺し屋」と呼ぶなら、ネズミを殺す猫も、オキアミを大量に飲みこむクジラも、レイヨウの喉を噛み切るチーターも、みな「殺し屋」ではないか、と。ある単語が適切に用いられているかどうかを判断するには、同じ性質を持つ指示対象をすべて表しうる定義を、その単語が持っているか確かめなくてはならない。だからもし、動物を殺す行為が人間にとって犯罪であるなら、論理的に考えると、それは他の動物にとっても犯罪ということになる。ということは、女性活動家は、投稿の文末に自らが述べているように、「天罰」によってすべての肉食動物がいなくなることを望んでいることになるはずだ。もちろん、本人が実際にそういう結果を想定しているとは思えない。こうした矛盾、そしてそれを生みだした思慮のなさこそが、現代の「新語法」と「バカのことば」の最大の共通点だ。どちらも軽はずみな発言であったり、過ちをおかしていたりする。だが、それだけではない。

偏った意味しか持たない単語、そして、ハンプティ・ダンプティ

正しい指示対象と適切な定義を持たない「新語法」と「バカのことば」は、ある意味、ふつうの単語が満たすべき条件をスルーしうる。通常、ひとつの単語には幅広い意味が含まれているので、話し手同士は互いに理解しあうために話し合いをしなくてはならない。[*6] これは、一般的な単語が抱える本質的な問題だ。ふたりの話し手は、その単語が指示対象と適合しているか、定義には矛盾がないかを確認しあいながら、このケースで使ってもよいことばか、よい表現であるかを、互いに肯定したり否定したりすべきなのだ。

そう考えると、ことばを使うとは、論理を説明することと同時に、対話をすることでもあるのだ。ことばを使うのに誰とも対話をせずに済むのは、『鏡の国のアリス』のハンプティ・ダンプティのような暴君くらいのものだろう。彼は「かなり尊大な態度で」こう言う。

「おれさまが使う単語はすべて（中略）、おれさまがそうあるべきだと決めた意味だけを持つ。それ以上でも以下でもない」

「イデオロギー主唱者」や「バカ」がしていることもこれと同じだ。こうして独断的に単語を定義した者は、それ以外の意味をいっさい排除し、いかなる話し合いにも応じなくなる。他人と共用できなくなるという点で、こうしたことばは究極的に異常な言語と言えるだろう。

「イデオロギー主唱者」が、現実の多様性や視点の多元性を顧みなくなると、[*7]その発言で使われる単語も偏った意味しか持たなくなる。こうした単語は、辞書に示される従来の意味さえ持たなくなり、それを使う者が独断で決めたことだけを意味して、「それ以上でも以下でも」なくなる。たとえば、精肉加工職人に対して「同情なんてしない」と言ったヴィーガンの女性活動家が、「精肉加工職人」という職業を定義するのにふさわしい単語を「殺し屋」だと決めたとする。すると、この単語は定義のあいまいさから自らを指示対象とするようになり、「精肉加工職人」だけを意味するようになる。これはもはや本当の意味での「単語」ではなくなり、他のいかなる解釈も許さない一義的な「サイン」になってしまう。

ところが、逆説的ではあるが、こうした「サイン」は、異議を唱えることが許されないためにかえって会話の中で幅を利かせるようになり、しまいには疑う余地のない事実になる。こうしてわたしたちは、それを否応なしに受け入れるか、あるいは多大なリスクを背負って反論するか、いずれかの選択を迫られてしまうのだ。

スローガン：ウォークライ

こうした「サイン」は「スローガン」として使われる。スローガンということばの語源は、スコットランド・ゲール語の「ウォークライ」、つまり、「スポーツや戦いなどで同じグループのメンバーが一斉に発する叫び」という意味だ。スローガンは、何か意味のあることを言うためというより（本当に何かを言いたい時は別のことばが使われる）、そのことばを使う者をグループの一員として認めるためのものだ。逆に、このことばを使わない者、あるいは使うことを拒否した者は、自動的にグループから排除され、そのことばの主体に対する完全な敵とみなされる。だから、サッカーフランス代表チームの敵であるドイツ代表チームを「おかま野郎ども」と呼ぶ行為は、「自分はフランス代表チームのサポーターだ」、「自分はフランス国民だ」、「自分は異性愛者であることを誇りに思っている」などと主張することを意味しているのだ。そして、精肉加工職人をフェイスブックで「殺し屋」と呼んだヴィーガンの女性活動家の場合、「え、何なの？」という気軽な呼びかけによって読み手に同意を促し、「あんたたち、そんなにショック？　あたしはちっとも」という問いかけと断定によって「一般的な考え方や多数派に堂々と反論できる自由奔放な自分」をアピールしている。

こうした、いくぶん挑発的な、自らが所属するグループ内でのみ許容されうる見せかけの批判精神は、これもまた「バカ」と「イデオロギー主唱者」に共通して見られる特徴である。スポーツコメンテーターとヴィーガンの女性活動家はいずれも、ごくシンプルなレトリックを使いながらも（いやむしろ、おそらくそのシンプルなレトリックのおかげで）、「自分はすべてわかっている人間」という優越感を言外にほのめかすことに成功している。こうした優越感は、多くの「バカのことば」、そしてあらゆる「新語法」の根底に横たわっている。そのおかげで、「バカ」と「イデオロギー主唱者」は、辛辣なことばを用いながらも、堂々と、自信たっぷりに、大船に乗った気持ちで、あらゆる意見を述べることができるのだ。その一方で、疑い、というより、知的な不安は、「バカのことば」の対極にあるのと同時に、「新語法」の狂気を抑制する貴重な解毒剤のひとつとみなされている。

常識の欠如

バカげたイデオロギーがこれほどまでに台頭したのは、インターネットやSNSの普及によってニッチなカルチャーが生まれ、かつては接点がなかったさまざまなグループのメンバーが交流しあうようになったことが要因だ。そのせいで、ふつうの言語から逸脱した「新語法」が世間に広まった。同時にSNSは、似通ったグループ同士の境界線をなくし、プライベートや内輪だけのやりとりと公共の場との違いをあいまいにして、人前で言ってよいことと悪いことの区別をつきにくくしてしまった。

だからこそ、ヴィーガンの女性活動家による例のフェイスブック投稿は、すぐに拡散されて多くの人にショックを与え、彼女が使ったバカなことばやイデオロギーに共感できないネットユーザーたちから激しくバッシングされたのだ。当初、それに対して女性活動家はこう反論していた。

「この投稿は友だちに向けて書いたものだったのに」

その後、女性活動家は、所属する動物愛護団体「L214」に擁護を求めたが、この団体は即座に「当団体は彼女の発言にはまったく関与していない」という声明を発表した。[*9]

一方、ドイツ代表サッカーチームを侮辱したスポーツコメンテーターについては、もしその場に本人に敵意を抱く第三者がいなければ、その発言が公にされることはなかっただろうし(テレビカメラが回っていない間の発言だったので)、これほど大きなスキャンダルになることもなかっただろう。

これらふたつのエピソードが示すように、現代の話しことばは大きな危機に瀕している。「常識の欠如」という共通の性質を持つ、ふたつの乱暴なことばがあちこちに溢れているからだ。これまで見てきたように、そのうちのひとつが「新語法」、イデオロギーを主張するためのことばだ。その単語や表現の多くは元々は人文学から生まれたものだが、多くの人にとっては難解で、過激で、使いづらいことばでもある(例:レイプカルチャー、ジェンダー、国家のレイシズムなど）。そしてもうひとつが「バカのことば」だ。公共の場でついうっかり（例のスポーツコメンテーターのように）、あるいは意図的に（イタリアの政党「五つ星運動」によって制定された「くそったれの日」など）発せられる、挑発的で下品なことばだ。

こうしたふたつのことばを抑制しようとする理性的な働きかけもあることはあるが、なかなかうまくいかないのが現状だ。常識に欠けたこうしたことばを使って議論をしても、決して合意を得ることはできない。したがって、公共の場における議論は、互いに意見を言い合うのではなく、相手の性質の異常さをののしりあう、スローガン同士のぶつかり合いになる。心理学者のルネ・ザゾによる研究をはじめ、バカをテーマに行なわれた複数のアンケート調査によると、わたしたちはみな誰かにとってのバカなのだという。そう考えると、イデオロギーを戦わせるなど実に不毛なことだ。

さらに恐ろしいことに、バカは伝染するのだ。わたしたちは誰もがみな常識を失いつつある。ヴィーガンの女性活動家は、テロリズムを擁護したとして裁判で有罪判決を受けた。スポーツコメンテーターの発言はインターネットで拡散され、ホモフォビア（同性愛嫌悪）として激しくバッシングされた。だが、本当にそれでよかったのだろうか？　このふたりのトラブルメーカーは、そこまで深く考えてこれらの暴言を吐いたわけではなかったのではないか？　ふたりとも、単に自らの発言の良し悪しに対する意識が低かっただけで、こうしたことばはそのまま受けとればよかったのではないか？　つまり、あれは「バカのことば」にすぎないのだ、と。

感情的な人間はバカなのか?

アントニオ・ダマシオ

神経科学者、神経学者、心理学者、南カリフォルニア大学教授、同大学の脳・創造性研究所所長。主な著書に『進化の意外な順序　感情、意識、創造性と文化の起源』高橋洋訳(白揚社、2019年)、『デカルトの誤り　情動、理性、人間の脳』田中三彦訳(筑摩書房、2010年)などがある。

人間は感情のせいでバカになると言われますが、本当にそうなのでしょうか？

ダマシオ　この点については複雑な要素がからんできますので、一概にそう言いきることはできないでしょう。感情にもいろいろな種類があります。状況に適した感情を抱くことで、知的なふるまいができる場合もあります。逆に、状況に適さない感情を抱くことで、バカげた行動をしたり、危険な目に遭ったりすることもあります。怒り、恐れ、軽蔑のようなネガティブな感情と、喜び、思いやりなどのポジティブな感情を一緒くたにしてはいけません。ポジティブな感情は、わたしたちに協調性をもたらしたり、知的な行ないをさせたりと、よい働きをします。でも、いかなる感情にも悪い面があります。もし他人に対して同情しすぎたり、やさしくなりすぎたりすると、相手からだまされる恐れがあるので、そのせいでよい行ないができなくなることもあるでしょう。つまり、すべての感情を十把ひとからげにはできないのです。同じ行動が知的とみなされるか、バカげていると思われるかは、その時の状況次第だということも忘れてはなりません。

感情は単独で起こるわけではありません。その感情が起きた後でどういう行動をとるかを決めるには、「理性」が必要とされます。そこには人類の進化も大いに関わってきます。わたしたち人間の祖先は、自らがそう自覚する前から「感情」を抱いていました。その衝動的で原始的な「感情」に「思考」が加わることで、より意識的な「思い」になります。こうした「感情」や「思い」は、経験や知識、そして状況に対する適切な判断、つまり「理性」によってコントロールされます。要するに、人間にとっての知性とは、感情的な反応と、知識や理性との間で交渉ができる能力なのです。決して、感情が悪い、理性が正しい、といった問題ではありません。理性だけの人間など味気ないものです。社会生活におけるある一定の状況で、確かに理性は高く評価されますが、すべてにおいてというわけではないのです。

あなたの研究によると、脳の損傷のせいで感情を失った人は、正しい選択をすることが難しくなるそうですね。そのことも、感情と理性が協力しあっている証拠となるのでしょうか?

ダマシオ　そのとおりです。正しい選択をするには、理性と感情の間で交渉をする必要があります。人間の行動は、一〇〇パーセント理性だけで決めることも、逆に一〇〇パーセント感情だけで決めることもできません。どちらも必要なのです。わたしたちがある状況に対して真正面から取り組むか、それとも距離を置くかは、表向きは理性によって決められているとされますが、実際は感情に左右されていると言ってよいでしょう。だからこそ、「感情にしたがって行動するほうがよい」「いや、すべて理性で解決しなくてはならない」などと主張する人たちこそが一番のバカなのです。

非常に知的で、知識も豊富な人が、時折ものすごくバカなことや危険なことをしてしまうのはどうしてでしょう？

ダマシオ　まず、人間は複雑な生き物だということを理解しなくてはいけません。わたしたちは膨大な知識を持っているのと同時に、さまざまな感情表現をします。心理学者や脳科学者が標準的な人間の機能をベースに研究をしているからといって、わたしたち一人ひとりの人間がみな同じように機能するわけではありません。そう考えるのは大きな間違いですし、大変危険なことです。確かに、わたしたちはみな同じ人間です。だからこそ、同じように尊重され、自由を与えられ、サポートを受ける権利があります。でもそれと同時に、わたしたちは一人ひとりみな異なります。どういう時にどのような行動をとるか、どういう知性を持っているか、感情の抱き方、気質……みな千差万別です。

いつも明るくエネルギッシュで、朝起きた途端にシャキッとして鼻歌を唄いだす人もいれば、朝は寝起きが悪くていつまでも布団から出られない人もいます。人間のタイプは無数にありま す。その上、わたしたちは天涯孤独ではなく、ほかの人たちと一緒に生活をしています。誰もが社会から影響を受けながら成長しているのです。このように、人間はそれぞれまったく違うのだと思えば、科学的・統計学的には誤っているとされる「バカなこと」を信じる人がいてもちっともおかしくないでしょう。たとえば、わたしたちの社会を「西洋文化社会」とざっくりとくくることなど本当はできないのです。わたしたちはもっと小さな社会で生きています。「フランス文化社会」や「アメリカ文化社会」というグループでさえ大きすぎます。もちろん、そこに「フランスらしさ」や「アメリカらしさ」という特徴を見いだすことはできるでしょうけど、それはステレオタイプにすぎません。自分たちが実際に属しているもっと小さなグループの特徴、伝統、行動基準を考慮しなくてはならないのです。面倒なことに思えるかもしれませんが、わたしたちは誰もがステレオタイプにはおさまらないはずです。いや、おさめてはならないのです。

あなたの著書『進化の意外な順序　感情、意識、創造性と文化の起源』（邦訳：白揚社）には、文化の生物学的起源について書かれていました。現代のグローバル化した文化において、わたしたちははバカの黄金時代に生きていると思いますか？

ダマシオ　その点については、なんとも言えません。わたし的には、イエスとノーの両方です。今の世の中、わたしたちはすべてをわかっているわけではありませんが、昔に比べれば多くのことを知っています。生物学、気候学、物理学、がんや感染症といった疾患など、一般の人たちがこれほどさまざまな科学的知識を持っていた時代はこれまで一度もありませんでした。その点で、わたしたち人間は目覚ましい進化を遂げていると言えるでしょう。一方、こうしてインターネットやSNSなどで簡単に情報を手に入れられるようになったために、間違った情報や嘘に影響されたり、だまされたりしやすくもなっています。こういう状況だからこそ、バカが増えたかどうかは簡単には答えられないのです。その人がどういう人間で、どこで暮らしているかによっても変わってきます。わたしたちの知識が一〇年前に比べてかなり増えていることは間違いありませんが、その一方で、情報操作のターゲットにもなりやすくなっています。今の時代は、バカになりやすくもなりにくくもある時代と言えるでしょう。

現在は脳科学がブームになっていますが、バカげていたり、危険だったりする主張もあるのではないでしょうか？

ダマシオ　確かに、脳科学は大きな注目を集めていますね。人間とは何か、脳の仕組みはどうなっているのか、どのように思考して、脳細胞はどのように機能しているのか……こうしたことを知りたがる人が多いからでしょう。これほどのブームになると、当然のことながら、人気にあやかって金もうけをしようとする悪人も現れます。科学研究にはよいものと悪いものがありますが、それは「バカ」かどうかとは関係ありません。わたし自身は、脳科学や神経科学が、気候学や物理学などほかの科学に比べて劣っているとは思いません。

インタビュアー：ジャン＝フランソワ・マルミオン

バカとナルシシズム

ジャン・コトロー

精神科医、リヨン第1大学元講師、フィラデルフィア認知療法協会創立メンバー。著書に『みんなナルシスト』（2017年）、『アインシュタイン、モーツァルト、ピカソ……そしてわたしたちそれぞれのクリエイティビティ』（2010年）、『繰り返す人生脚本』（2001年）がある（いずれも未邦訳）。

「座っているふたりの知識人は、ひとりで歩いている愚か者より出世するのが難しい」

ミシェル・オーディアール『トブルク行きのタクシー』

バカを定義するのは難しい。自分や他人のどういうところがバカかを見極めるのも難しい。ところがその答えを、認知心理学者のルネ・ザゾが教えてくれた。[*1] ザゾは優秀な研究者で、人間の知性やセルフイメージの研究に大きく貢献している。自らの研究結果を惜しみなく公表し、それらがアカデミックな世界でどれほど異彩を放とうが少しも気にかけない。

ザゾは、バカの定義に関するある調査を行なっている。対象は、パリの大病院に勤務する一〇〇人の医師、精神科医、心理学者、および、個人開業する二〇人の精神科医。ザゾは一二〇人全員の氏名を記したリストを各人に渡し、「この中でバカと呼ばれるのにふさわしいと思う人物にチェックを入れよ（複数回答可）」と命じた。ちなみに、リストにはザゾ自身の氏名も含まれていた。

その結果、八五パーセント以上の票を集めた「バカ」は五人で、そこにただひとり、一〇〇パーセントの支持を得た「満場一致のバカ」がいた。優秀な臨床医で、ＩＱ一二〇以上を誇る知性派だが、ユーモアのセンスはゼロ。学識は豊かだが、他人とうまくコミュニケーションがとれない。思いやりがなく、他人の気持ちがわからないので、無意識に相手が傷つくことを言ったり、不愉快にさせたりする。論理面での知性は完璧なのに、他人への敬意がないので しょっちゅう失言をする。自己愛の小さな世界に閉じこもったまま生きているのだ……ちなみに、この調査でのザゾ自身の票数はなぜか公表されていない。

ザゾの調査によると、バカの定義は「感情面での知性に欠け、自己中心的な態度で他人の気持ちをふみにじり、自分自身について大きな勘違いをしている人物」と言えるようだ。これはまさに、自己愛性パーソナリティ障害、つまりナルシシズムそのものである。

以下、この記事では、職場、恋愛関係、ＳＮＳにおける「バカなナルシシスト」について考察していきたい。

自己愛性パーソナリティ障害

自己愛性パーソナリティ障害の人は、自分勝手で、自分を大きく見せたがり、他人から称賛されるのを好む一方で、他人に対する同情心に欠けている。[*2] 複数の研究によると、人口の〇・八～六パーセントがこの障害を持っており、[*3] とりわけインターネット世代以降の若い人たちに多く見られるという。[*4、5]

ある詳しい研究によると、自己愛性パーソナリティ障害は大きく三つのタイプに分類される。[*6]

タイプ1：攻撃的なタイプ。高圧的で、他人を操ったり、利用したり、だましたり、強引に押さえつけたりする。意地悪で、他人に敵対心を抱きやすく、思いやりがない。自分は何をしても構わないと確信しているので、訳もなく高飛車な態度をとる。このタイプの最大の特徴は、自己評価が高すぎることだ。反社会性パーソナリティ障害に似ているが、衝動的、向こう見ず、無責任ではないところが異なる。自分に反抗する相手に対して、時には譲歩したり、順応したりすることもありうる。ただし、ターゲットにされた被害者にとっては危険な人物。

タイプ2：気が弱いタイプ。情緒不安定で、うつ気味で、心配性で、批判的で、嫉妬深い。高すぎる目標を抱いて、完璧主義者になりがち。追い詰められたら、高圧的になることで劣等感を隠そうとする。

タイプ3：ハードワークなタイプ。高圧的で、競争心が強く、目立ちたがりで、人たらしで、カリスマ性があり、権力を手に入れたがる。その一方で、エネルギッシュで、知的で、他人とのコミュニケーションがうまく、自己実現のために努力を惜しまないという長所も併せ持つ。多くのカリスマ的な会社経営者、アーティスト、知識人はこのタイプ。

これら三タイプの自己愛性パーソナリティ障害とは別に、「現代人特有のナルシシスト」も存在する。このタイプには、いまや社会のあちこちで遭遇するが、一九六〇年代以降の消費社会で生まれ、情報通信技術の進歩にしたがって世界中に広まった。わたしたちは三世代前から「ナルシシズムの時代」に生きているのだ。[*7]

職場におけるナルシシスト

ナルシシストに遭遇する機会がもっとも多いのは、おそらく職場だろう。ちょっとした会話、くだけたことばづかい、しぐさ、視線などに、その人物のナルシシズムが感じられるはずだ。

「おまえと話をしていても、わたしは自分のことしか考えていない」

心の中のそういう声が聞こえてきそうな人物の前では、あえてバカを演じるとよいだろう。自分自身を高く評価している者には、「こいつより自分のほうが頭がよい」と思わせておくほうが、何かと都合がよいからだ。これは、あえて低いポジションに甘んじることで、自分より立場が上の人間の自我を満足させ、より高いポジションを手に入れるための作戦と考えるとよいだろう。大事なのは、自分は決して「バカの王様」ゲームに参加しないということだ。文豪バルザックは、小説『ツールの司祭』にこう書いている。

「ねえ、きみ、人間というのは、まわりを嫌な気持ちにさせるまでは、自分の機嫌が悪いものなのだ」

わたしが駆けだしの精神科医だった頃、勤務病院の上司のひとりからこう言われたことがある。

「わたしは自分よりバカな人間と仕事をしたいと思っていたのだが、きみと働いてみてそれが間違いだったと気づいたよ」

わたしはそのことばを、就職活動のためにあえてバカを演じた新米医師の演技力に対する、意地の悪い特権知識階級による賛辞としてありがたく受けとった。だがあれからわたしもずいぶん歳をとったので、もしかしたら仕事柄、時々バカなことをするようになってしまったのかもしれないが……。

わたしのように「時々バカなことをする」だけにとどまらない「本物のバカ」は、主にふたつのタイプに分けられる。

ひとつは、「うぬぼれバカ」。常に自我が大きく膨れ上がった状態のバカだ。大企業の従業員に多いが、公務員と医師にはごまんといる。ただし、ゴマをすって機嫌を損ねさえしなければ、この手のタイプの多くは無害だ。欠陥はあるが、ごくありふれた、比較的軽めの自己愛性パーソナリティ障害と言える。機転の利く部下が数人いれば、うまく取り扱えるだろう。

ふたつ目は、ひとつ目よりかなり有害な「卑劣なバカ」だ。他人を苦しめ、自らに服従させることを好み、部下に屈辱を与えることを楽しむ。邪悪な自己愛性パーソナリティ障害で、最悪の場合、ナルシシズム（自己愛傾向）、マキャベリズム（権謀術数主義）、サイコパシー（精神病質）という〈ダークトライアド〉（三大邪悪パーソナリティ特性）をすべて併せ持つ。[*8] あるメタアナリシスによると、こうした人物のせいで企業が大損害を被るケースもあるという。[*9]

こうした人物への対処法が詳しく書かれた、非常に役に立つ本がある。スタンフォード大学工学部教授、ロバート・サットンが書いた『チーム内の低劣人間をデリートせよ』だ。タイトルは軽めだが、内容はしっかりしている。ここに書かれている基本ルールは、「バカを近づけない」ことだ。会社、役所、病院などで新入社員を採用する際、たとえ履歴書にどんなに素晴らしい経歴が列挙されていても、その人物が「卑劣なバカ」でないかどうかを必ず確認しなければならない。

相手がバカかどうかを見分けるには、まわりの評判を聞いたり、本人に直接会ったりする以外に、あるアンケートに答えてもらうという手段がある（ただし、本人が正直に答える必要があるが）。回答者の行動や思考に自己愛性パーソナリティ障害（ナルシシズム）の特徴があるかどうか、これを分析すれば判断できるという。以下、そのアンケートの一部を抜粋して紹介する。

以下の文章を読んで、そうだと思うものに「Y」、違うと思うものに「N」をつけよ。[*10]

質問A：他人に対するあなたの本心は？

（1）まわりは無能なバカばかりなので、その悲しい事実を本人たちになるべく頻繁に思い知らせてやりたくなる。

（2）バカたちと一緒に働くまでは、自分はとてもよい人間だった。

（3）自分はまわりの人間を信用していないし、まわりも自分を信用していない。
（4）同僚たちはみなライバルだ。
（5）トップに立つための唯一の方法は、まわりの人間を蹴落とすことだ。
（6）まわりの人間が苦しんでいるのを見ると、心の中で喜びを感じる。

これぞ「仕事はできるが卑劣なバカ」であり、一旦採用したが最後、みるみる会社の人間関係を破壊してしまう。パワハラやセクハラをするのもこの手のタイプだ。こうした人物が目の前にやってきたら、もはや逃げるしかない。ただし、本人の異常性を暴ける証拠さえあれば、法的手段に訴えることも可能だが。

こうした人物が、精神科医を自発的に訪れることはまずない。ただし、仕事で大きな失敗をしたり、キャリアが脅かされそうになった時、元どおりに回復するためのサポートを受けに来る場合がある。自分の問題点に気づいて治したいと思うのではなく、まわりをよりうまくコントロールするにはどうしたらよいかを知りたがるのだ。

恋愛関係におけるナルシシスト

自己愛性パーソナリティ障害の当事者はめったに精神科医を訪れないが、その被害者はしょっちゅうやってくる。被害者のほとんどは〈人生脚本〉（自分はこう生きてきた、生きるのだという筋書きのこと）にとらわれている。〈人生脚本〉は落とし穴のようなものだ。一旦はまってしまうと、どんなにもがいてもなかなか抜けだせず、生きている間ずっと無意識に同じことを繰り返す。たとえ違う結果を望んでも、いつも同じになってしまうのだ。

こういう人たちは性別を問わず、ナルシシストと結婚しがちだ（しかも、時には何度も繰り返して）。うつ気質で、気が弱く、心配性で、「自分のような人間にできることは、素晴らしいパートナーを愛することだけだ」と思いこみ、相手の希望を叶えることができないと罪の意識にさいなまれる。

被害者の多くは高い知性の持ち主なのに、〈人生脚本〉のせいで「バカ」げた状態に陥っている。こういう人物を治療することは可能なのだろうか？　実は、認知療法が有効なケースが多い。〈自己スキーマ〉（個人の行動に関する信念や経験の集積のこと）を改善することで、「子供じみたバカの王様」であるナルシシストに対して、ひとりの大人として対応できるようになるのだ。

そうすれば、前述したハードワークなナルシシスト（タイプ3）に対しても、庇護者やサポート役としての役割を受け入れ、双方にとってよりよい状態を作りだせるようになる。ナルシシストは生活の牽引役となり、自らが生みだした利益をパートナーと分かち合いながら、常に魅力的な人間でありつづけるだろう。パートナーは、相手を美しく映しだす鏡となり、クリエイティビティを引きだすために尽力することになる。ただし、こうしたカップルにおけるリスクは、パートナーがその役割を演じるのに疲れはててしまったり、ほかにもっと素晴らしい相手を見つけたりする可能性があることだろう。

攻撃的なナルシシスト（タイプ1）に対しては、ここまでしか容認できないという境界線をきちんと引いて、不必要な後悔や罪悪感を抱かないようにすべきだ。だが、たとえ認知療法で〈自己スキーマ〉が改善されたとしても、こういう相手に寄り添いつづけるのは難しい。たいていは別れるはめになり、その際に相手からことばや身体を使った暴力を振るわれることも珍しくない。そうした事態を避けるため、住所を残さずこっそり家を出るよう精神科医にアドバイスされることもある。

気が弱いナルシシスト（タイプ2）に対しては、衝動的で怒りっぽい面には境界線を引く一方で、高圧的な態度の裏に隠れた傷つきやすさに対しては思いやりを持って接することが望ましい。だが、ここでもやはり、相手が幼い頃に受けた傷を癒やすという庇護者や心理セラピストとしての役割に、パートナーが疲れはててしまうというリスクがある。

SNSにおけるナルシシスト

ここ数年間、SNSと自己愛性パーソナリティ障害との関連性が、さまざまな方法で科学的に研究されてきた。そのうちのいくつかを以下に紹介しよう。

経済学者のクリストファー・カーペンターは、二九二人の被験者を対象に、自己アピール行動とナルシシズムとの関連性を調べた。[*11] これによると、SNS上で頻繁に自己アピールをする者は、自己愛性パーソナリティ障害の特徴のひとつである「露出癖」のレベルが高いことがわかった。また、別の特徴である「自らの権利を過剰に要求する」ことと「他人を操作する」ことのレベルが高い者は、SNS上で反社会的行動をとりやすいことも判明した。つまり、他人を中傷するコメントをしたり、自分に対して否定的なコメントをつけた相手を感情的に糾弾したり、理不尽な怒りを発散したりするのだ。とくにインターネット上で他者を攻撃しがちなのは、前述した攻撃的なナルシシスト（タイプ1）だという。

J・A・リーとY・ソンによる研究では、SNSへの自撮り投稿とナルシシズムとの関連性が調査された。[*12] ナルシシズム傾向が強い者は、自らの自撮り投稿に対する他人の「いいね！」の数に非常に敏感で、その上、他人の自撮り投稿を常に気にかけていることがわかった。その一方で、ナルシシズム傾向が弱い者に比べると、他人の自撮り投稿には「いいね！」を押さない傾向が強かった。つまりナルシシストは、他人に自分を高く評価してもらうことを望む一方で、他人には同じことをしようとしないのだ。

シルヴィア・カザレが率いる研究グループは、五三五人の学生のサンプルを集めた上で、インターネット上での行動について、「傷つきやすいナルシシスト」と「自信たっぷりのナルシシスト」という二タイプのナルシシストの行動を、ナルシシストではない人の行動と比較している。[*13] すると、他人の反応に過敏な「傷つきやすいナルシスト」は、リアルよりもオンラインでの人間関係を好み、インターネット上で問題を起こす傾向が高いことがわかった。この点について「自信たっぷりのナルシスト」は、ナルシストではない人とまったく変わらなかった。つまり、「傷つきやすいナルシシズム」の傾向が強いほど、インターネット上で問題を起こしやすいのだ。

フェイスブック上でのハラスメントはいまや頻繁に発生している。ある統計によると、[*14] フェイスブックユーザーの四〇パーセントが過去に何らかのハラスメントを受けたことがあるという。もっとも被害者が多い年齢層は一八～二四歳で、全体の七〇パーセントを占める。この年齢層の二六パーセントの女性が、過去にオンライン上でストーカー被害に遭っている。

別のある研究でも、[*15] ナルシシズム・マキャベリズム・サイコパシーという〈ダークトライアド〉と、インターネットトローリング（嫌がらせ行為）との間に大きな関連性があることが証明されている。

デマとナルシシスト

二〇一六年九月一七日、パリのレ・アル地区でテロが発生し、犯人が人質と一緒に教会に立てこもったというニュースが報道された。現場には、緊急事態に備えていた多くの警察官が動員されたという。ところがなんと、これはある少年によるデマ通報だったのだ。少年は過去にも似たような事件を起こしていて、すでに保護観察下に置かれていた。いったいなぜこんなことをしたのか？　実は、少年の唯一の目的は「バズらせる」ことだった。そのシニカルでサディスティックな望みのためには、まわりがどれほど慌てふためこうが、困りはてようが「知ったこっちゃない」のだ。少年にとって重要なのは、自分が警察を動かしたことをマスコミの前で自慢することだけだった。そのためなら、誰にどれだけ迷惑をかけようが平気なのだ。

こうしたケースでは、処罰を受けることで、少年の自我形成に長い時間がかかってしまう恐れがある……いや、この少年にとってそんなことはどうでもよいのかもしれない。「無名」という地獄から抜けだして、マスコミに注目される人間として、ようやくこの世に存在することができたのだから。

フェイクニュースを作っているのはメディア自身だ

ライアン・ホリデイ

文筆家、メディア戦略家、『ニューヨーク・オブザーバー』誌コラムニスト、アメリカン・アパレル社元マーケティング部長。著書に『ストア派哲学入門　成功者が魅了される思考術』金井啓太訳（パンローリング、2017年）、『苦境（ピンチ）を好機（チャンス）にかえる法則』金井啓太訳（パンローリング、2016年）、『グロースハッカー』佐藤由紀子訳（日経ＢＰ、2015年）など多くのベストセラーがある。

貴著『信じてくれ、ぼくは君たちに嘘をついている　メディア情報操作者の告白』〔未邦訳〕に、「大手ニュースサイトにフェイクニュースを掲載させるには、小さなサイトをターゲットにすべき」とありましたが、これは逆説的では？

ホリデイ　雪だるま式を狙うのです。真偽は不明でも話題になりそうなセンセーショナルなニュースを、まずは小さなブログに掲載させます。すると少しずつ大きなサイトにも掲載されるようになり、やがて大手も扱うようになります。実は、ニュースサイトに記事を書いているアメリカのジャーナリストのほとんどは、ごく小さなブログから情報を得ています。ところが、こうしたブログの大半は、読者との信頼関係で成り立っているわけでも、『ニューヨーク・タイムズ』紙のように一〇〇年の歴史があるわけでもありません。そのため、読者の気を惹こうとしてどんな手段でも使います。閲覧数を増やすことで広告収入を得たり、サイトの売却先を見つけたりしたいからです。だから、多くの人に見てもらえそうなセンセーショナルなニュースが見つかると、喜んで掲載するのです。フェイクニュースの多くは、こういうブログの記事から生まれます。ほかに、ぼく自身もよく利用する手段ですが、ウィキペディアに嘘を書きこんだり、フォロワー数が多いツイッターユーザーにお金を払ってツイートしてもらったりすることもあります。

あなたは、「多くの人にクリックしてもらうには、タイトルに嘘を書いて語尾を疑問形にするとよい。ただし『？』はつけないこと」と書いていますね。確かに、こういう釣りタイトルはインパクトがあるようです。

ホリデイ　釣りタイトルが疑問形の場合、本文でのその答えは常に「ノー」であるべきです。でなければ、タイトルにする意味がありません。ライターは意図的に読者をだまそうとしてこうしたタイトルを作ります。記事のクオリティとは無関係に、タイトルで好奇心をあおってクリックさせるのです。もしそれが有料記事なら、読者は怒って払い戻しを請求するかもしれません。でも、無料記事なら文句のつけようがない。クリックを後から取り消すこともできませんし。大事なのは、「いかにしてより多くのクリックを集めるか」、「いかにしてサイトに商品価値を与え、広告主を満足させられるか」なのです。

インターネット上で行なわれた、これまででもっとも驚くべき情報操作は？

ホリデイ　ぼくがもっとも驚かされるのは、大きな事件のフェイクニュースでも、過去にあった大事件にまつわるデマ（ケネディ大統領暗殺や9．11にまつわる陰謀論など）でもありません。何百万という小さなフェイクニュースやデマが、何の問題もなく毎日拡散されつづけているという事実です。情報提供をする資格のない人間が書いた記事を、誰もが信用してしまう。その一方で、ぼくのような一個人が大手メディアを罠にかけても誰も驚かない。いまや情報操作は日常茶飯事になってしまいました。どうしてメディアはそれに対して何の手も打たないのでしょう。なぜメディアの情報が操作されても誰もショックを受けないのでしょう。そのほうがずっと驚くべきことです。誰かがフェイクニュースをバズらせて数十万ドル儲けたとしても、多くの人は「よかったな」「おめでとう」と言うだけだと思います。大手メディアもこの状況を知っていながらそれに加担しているのです。

そのフェイクニュースがひどい結果をもたらさず、むしろ一時楽しませてくれて、自分がバカにされなければ別に構わないと、みんな思っているのかも？

ホリデイ　みんながスキャンダルを求めているのは確かです。だからこそ、たとえ嘘だったとわかっても喜ぶ人が多いのでしょう。ただし、政治家による情報操作は別です。ところが、大変興味深いことに、政府がどれほど許しがたい情報操作をしても、メディアが沈黙を守っていることがあるのです。

映画『ウワサの真相　ワグ・ザ・ドッグ』では、ロバート・デ・ニーロとダスティン・

ホフマンが、大統領のスキャンダルをもみ消すためにアメリカ対アルバニアという架空の戦争をでっち上げました。あなたの話を聞いていると、そういうこともありうるような気がしてきます。

ホリデイ　それはまさに、二〇〇三年、アメリカ政府がイラクに対して行なったこととまったく同じですよ。当時の副大統領のディック・チェイニーは、『ニューヨーク・タイムズ』紙のジャーナリストに対してある情報をリークしました（のちにチェイニーはその事実を否定しましたが）。イラク戦争の是非を問う論争から世間の目をそらすためです。案の定、メディアの論説や人々の話題はそちらのニュース一色になりました。政府による情報操作がまんまと成功したのです。ぼくのような一個人が宣伝キャンペーンのためにデマをでっち上げることができるのですから、ライバルを蹴落としたい政治家や、よその国を倒したい政府が、同じことをしたってちっともおかしくないでしょう。

まるで予言者のことばが実現するかのように、メディアによって作られたデマが実際にそうなることはあるのでしょうか？

ホリデイ　ありますね。しかも恐ろしいことに、誤っていたり操作されたりした情報をもとに、重要なことが決められてしまうケースがごまんとあります。もし、アップル社に重大なトラブルが発生したというデマが広まったら、人々はそれを信じてアップルの株価は下落するでしょう。フィクションの世界がリアルに影響を与えるのです。もうひとつ、さらに恐ろしいことがあります。たとえば、メディアであれほど頻繁に報道されていたというのに、アメリカと北朝鮮との関係が結局どうなったか、ほとんどの人は理解できていません。あるニュースに二週間ほど熱中すると、すぐに飽きてまた別のニュースに夢中になる。新聞の一面に載った見出しくらいは覚えているかもしれませんが、それがどういう性質の出来事で、何に対してどういう影響力があって、結局のところどうなったかは、すべて忘れられてしまいます。つい最近まであれほど話題になっていたというのに、もはやその件について誰も意見を述べることができなくなってしまうのです。

――情報操作のテクニックを、清く正しい目的のために使うこともできるのでしょうか？

ホリデイ　人々にポジティブな情報に関心を持ってもらうために、このテクニックを使うことは確かにできるかもしれません。でも、世の中は複雑で、多くの問題を抱えているので、ネガティブな情報以上にポジティブな情報を強調するのが本当によいことかどうか、ぼくにはわかりません。それで問題が解決するわけではないのですから。それに、そもそもオンライン上の記事のタイトルは、真実なのか嘘なのか、ポジティブな話かネガティブな話か、はっきりさせることはできないのです。リンクをクリックさせたり、記事を閲覧させたりするのが目的なのですから。

では、これからもフェイクニュースやデマは増えていくのでしょうか？

ホリデイ　できればこの問題の解決策を拙著で提案したかったのですが、残念ながらよいアイデアが思いつきませんでした。フェイクニュースやデマはこれからも増えつづけるでしょう。ただ、この件についても、ネガティブな面とポジティブな面の両方を見るべきです。質の悪いサイトにばかりアクセスしていると、フェイクニュースにぶつかる確率はますます高くなります。でも、『ニューヨーク・タイムズ』のような大手の有料サイトでなら、質の高い記事を見つけることができるでしょう。そして、そういう賢明さを備えた人は増えつつあります。

あなたの話は哲学的です。世の中に関して作り話をすると、それが時には真実になってしまう。だとしたら、真実とは何なのでしょう？　そして、何が真実かを気にする人などいるのでしょうか？

ホリデイ　何が真実かを気にする人など、もうどこにもいないのかもしれません。ぼくがあの本を書いたのは、メディアはこれからも重要な役割を担っていくと確信しているので、このままではいけないと読者に警鐘を鳴らしたかったからです。かつてのぼくは、ネットで流れてくるニュースをただ眺めているだけの人間でした。でも、ニュースの裏事情を知ってしまい、フェイクニュースのからくりを理解すると、今度はそこに自分の爪痕を残したくなったのです。ぼくはあっという間に目的を達成してしまいました。でも、ある時気づいたのです、これはぼくが一生やりつづけたいことではない、と。

――あなたはネットユーザーにとっての救世主なのでしょうか、それとも詐欺師でしょうか？

ホリデイ　拙著の読者によく叱られますよ、「おまえはなんてひどいことをしてきたんだ！」ってね。それに対してぼくは、「じゃあ、あなたはこの問題を解決するために何かしたんですか？」と言いたいです。みんなに注意喚起をしているのはいったい誰なんだ、と。少なくともぼくは、自分の本でできるだけのことをしたつもりです。この本は複数の言語に翻訳され、世界中でベストセラーになっています。世間の評判も上々です。でも、メディアは違います。てっきり、自分たちにとって都合の悪いことを書いたぼくを攻撃してくるだろうと思っていたのですが、何もしようとしません（伝える内容が気に入らないからといって『使者を撃つな』とはよく言われますが……）。むしろ平然としています。メディアの情報操作が行なわれるからくりをぼくが暴露しても、「だからなんだって言うんだ？　どこが悪い？　みんな喜んで拡散してるじゃないか」とうそぶくのです。でもメディアの罪は、単なる噂や宣伝を「ニュース」として伝えている点にあります。フェイクニュースを作っているのはメディア自身なのです。

でも、きちんと裏をとった正しい情報だけを提供しているメディアもあります。

ホリデイ　そのとおりです。ところがその一方で、真実を伝えるのを諦めて、センセーショナルな出来事ばかりを誇張して伝えるメディアが、ここ一〇年ほどで急増しています。正しくてまじめな情報に目を通してもらうには、相当な努力が必要とされるからです。スマホをワンクリックするだけでアクセスできるポルノに勝たなくてはならない。そのために、ジャーナリストに執筆させるのではなく、アルゴリズムに自動で文章を作成させている媒体もあるほどです。

職業倫理に反することなく、わたしがあなたのインタビュー記事を最大限にバズらせるにはどうすればよいでしょう？

ホリデイ　まず、過激なタイトルをつけることです。ネットユーザーの好奇心を刺激して、クリックさせないといけません。ショッキングな写真を載せるのも有効でしょう。そして、記事の文章は簡潔にまとめること。みんな長文を読む時間なんてないのですから。重要なポイントを箇条書きにまとめるとよいでしょう。だらだらと長い文章は嫌われます。わざと読者を怒らせたり、感傷的なストーリーで泣かせたりするのも効果的です。

――つまり、たとえ中身のクオリティはどうあれ、パッケージは下品にするほうがよい、ということですね？

ホリデイ　そのとおり。ウェブライターが朝起きて一番に考えるのは何だと思いますか？　質が高くてためになる文章を書きたいということではなく、どうしたらクリックの数を増やせるかということなんです。

インタビュアー：ジャン＝フランソワ・マルミオン

Column

フェイクニュース作りなど赤子の手をひねるようなもの

ジャン＝フランソワ・マルミオン

ライアン・ホリデイが情報操作をし、「火のないところに煙を立てる」ために使っている数多くのテクニックから、ここではふたつをピックアップして紹介する。

（1）専門家になりすます。

手口は簡単だ。「ヘルプ・ア・レポーター・アウト（Haro）」というサイトに登録すればよい。さまざまな分野の専門家とジャーナリストをマッチングさせるオンラインサービスだ。このサイトのおかげで、ジャーナリストはわざわざ足を使って取材をしなくても、専門的な情報を入手することが可能になる。多くのアメリカのメディアがこのサービスを利用している。

ライアン・ホリデイは数カ月間、実名でこのサイトに登録した。媒体ごとに肩書きを変え、『ニューヨーク・タイムズ』に対してはレコードコレクター、『ABCニュース』に対しては不眠症の重症患者、ニュース専門放送局の『MSNBC』に対してはバイオテロの被害者になりすまし、ジャーナリストたちとコンタクトをとった。その結果、誰ひとりとしてホリデイの肩書きを疑わなかったという。ほんの少しググれば、「ライアン・ホリデイ：メディア情報操作者」として一般公開しているプロフィールにアクセスできたはずなのだが……。この真相を暴露したホリデイのサイトは、七五のメディアにニュースとして取り上げられ、ネットユーザーによって一五〇万回以上クリックされたという。

(2) スキャンダルを捏造する。

ライアン・ホリデイの親友、タッカー・マックスが書いた自叙伝が映画化されることになった。自らの性生活を赤裸々に描いた作品で、タイトルは、『地獄でもビールを飲ませてくれるといいのに』(日本未公開)。ホリデイは、ロサンゼルスの街のあちこちにその映画のポスターを掲示し、マックスの悪口を書いたポストイットを貼りつけた(例：「タッカー・マックスなんて、ネズミ取りにちんこが挟まれてしまえ！」など)。そしてそのようすを写真に撮ると、この悪口に賛同する旨のコメントを添えて、ロサンゼルスで情報発信をするさまざまなブログに匿名で送りつけた。さらにホリデイは、LGBT協会やフェミニスト協会に対して、マックスの女性たちへのひどい行為を報告した。すると二週間も経たないうちに噂がじわじわと全米に広まり、とうとう『フォックス・ニュース』に取り上げられ、ついには『ワシントン・ポスト』や『シカゴ・トリビューン』の記事にもなったのだ。結果的に、一連の騒ぎは大々的な映画の宣伝となり、原作の自叙伝はベストセラーになった。

「この手のやらせが成功する仕組みは簡単だ」と、ライアン・ホリデイは言う。「もしこれが事実なら、それは『ニュース』でしかない。だが、これがやらせであることが判明したら、ジャーナリストたちはもう一度記事を書かざるをえなくなる。一粒で二度おいしいのだ。ジャーナリストたちが、やらせ記事が掲載されるまでの経緯を説明してくれるおかげで、そのスキャンダルは有名になる」

その後、タッカー・マックスは新しい本を上梓した。すると、ライアン・ホリデイは本の売上金から五〇万ドルの寄付をしたい旨を、ダラス家族計画協会に提案。交換条件として、タッカー・マックスの名前を冠したクリニックを作ることを要求した。センターの答えはノー。すると、事件が起きた。マックスの寄付を拒絶したことを理由に、ある大手の乳がん撲滅協会が、ダラス家族計画協会への助成金交付をやめると言いだしたのだ。家族計画協会は慌てて前言を撤回。ところが今度は、動物愛護団体のPETAがマックスの寄付を受けたいと申しでた。結局、二〇〇ものメディアがこの事件を報道。関連記事が掲載されたサイトは三〇〇万回以上閲覧され、マックスの本は発売早々売上二位を記録した。そのためにかかった宣伝費はゼロだ。

「このスキャンダル捏造の目的は明確だ。メディアを荒らして、世間のリアクションを引きだし、論争を巻き起こす。そうすれば、宣伝費をかけずに大々的にプロモーションができるからね」と、ライアン・ホリデイはしゃあしゃあと言ってのけた。

Column

「釣る」方法は一〇〇年前から変わらない

ジャン=フランソワ・マルミオン

メディアにとって、読者を「釣る」方法は今も昔も変わらない。五〇年前どころか、一〇〇年前も同じことをしていたのだ。新聞を買ってもらうためなら、あるいは、クリック数を増やすためなら（広告収入を増やし、サイトの売却先を探すのが目的だ）、どんなことでもする。だが、ライアン・ホリデイによると、今はまだそのテクニックのレベルはそれほど高くないらしい。この傾向は今後もますます加速するという。以下は、読者を「釣る」ために作られた昔と今のタイトルだ。いずれもリアルで、つい読みたくなる（クリックしたくなる）ものばかりではないだろうか？

一八九八年から一九〇三年の間に、紙媒体で使われたタイトル

・宣戦布告まであと一五分

・中年男、青二才、ギャンブラー、不良、厚化粧した女たちが集まっての乱痴気騒ぎ
・大勢で集まって酒盛りをしたあげくの乱闘――バカのカーニバル
・自らを銃で撃った老人：その理由は自分の耳が売れなかったから
・ミミズクのせいで死ぬほど病院を恐れた女
・憎い少女を殺そうとするブルドッグ
・真夜中、一匹の猫が住民たちを恐怖に陥れる

ごく最近、情報サイトで使われたタイトル

・裸になったレディー・ガガ、ドラッグと独身生活について語る
・ヒュー・ヘフナーは言う。「わたしは、ウンコまみれの豪邸に生きるセックス奴隷の強姦者ではない」
・大人気、赤ちゃんビデオのベスト9：オナラをしたり、子猫と一緒に遊んだり
・ジャスティン・ビーバーが梅毒になったという噂はどこからきたのか
・ビデオ：奈落の底で、パフ・ダディが、チェルシー・ハンドラーの前で服を脱いでもいいかと尋ねる
・ピザの切れ端で母親を叩いた少女、母親の命を救う
・元老院のホールにペンギンのフン

SNSにおけるバカ

フランソワ・ジョスト

パリ第3(新ソルボンヌ)大学名誉教授、メディア映像音響研究センター創設者・名誉会長。著書に『デジタル時代の行動における悪意』(2019年)、『平凡崇拝』(2007年)、『ロフト帝国』(2002年)などがある(いずれも未邦訳)。

SNSからすべてが始まったわけではない。SNSが過去との断絶をもたらしたわけでもない。それについては、近著『デジタル時代の行動における悪意』[*1]〔未邦訳〕ですでに明らかにしている。本書でわたしはSNSを、ドイツ人哲学者のカントにならって〈悪意の先験的条件〉と呼んでいる。つまり、「ネット上で悪意を表明するのを可能にする条件」こそがSNSなのだ。

〈スペクタクルの社会〉と〈裁きの社会〉

〈悪意の先験的条件〉としてのSNSの特徴は、大きく三つに分けられる。ひとつ目は、著述家で映画作家のギー・ドゥボールが述べた〈スペクタクルの社会〉だ。ここではすべての経験が可視化される。つまり、人間の生活がスペクタクル化され、うわべだけになる。状況主義者《シチュアシオニスト》であるドゥボールは、これを次のように定義した。

「スペクタクルとは、イメージの集まりではなく、イメージによって媒介される社会的な人間関係のことである」[*2]

この定義は、そっくりそのままフェイスブックに転用できる。フェイスブックでは、写真(イメージ)こそが、ユーザーの人格を作り、「友だち」との関係性を築く。フェイスブック社会ではあらゆる媒介の中心にあるのがイメージだ。ツイッターの場合も、いくつかの研究によると、投稿に写真を添付することでリツイートの数が大幅に増えるという。[*3]

ふたつ目の特徴は、何でも手当たり次第に他人を裁こうとする傾向だ。一九八〇年、ミシェル・フーコーはこのように述べている。

「なぜ人間はこんなにも他人を裁くのが好きなのか。おそらく、人類に与えられたもっとも簡単にできることのひとつだからだろう」[*4]

近年、動画投稿サイトやネットコミュニティサービスが多様化し、個人がコメントを書きこめる場が増えたため、この「裁き愛」にますます拍車がかかった。ユーザーはハンドルネームによって身分を隠すことができるため、リスクを負わずに過激な発言ができる。自分の悪口を言った者の正体を暴くために、ＩＰアドレスの裏側に隠れた個人を特定しようとする人はそれほど多くないからだ。

個人主義や自己中心主義は決して目新しいものではないが（一九八〇年代から一九九〇年代にかけて、すでにテレビによって自己アピールの場が与えられている）、ネットは「世界は自分中心に回っている」と人々に思わせることで、こうした個人主義や自己中心主義をさらに肥大させた。フェイスブックの「ライブ動画配信」は、スマートフォンで自分のまわりの世界を撮影し、それをほかの人たちに見てもらうための機能だ。誰もがニュースメディアになりうるこの機能こそが、肥大した自己中心主義の新たな症状のひとつと言えるだろう。ただし、誰もが世界の中心になりうるということは、全員が横並びだということでもある。そこでネットユーザーたちは、あらゆる手段を使って十把ひとからげから抜きんでて、自分だけが有名になろうとする。この「自らの存在意義のために有名になりたいという欲求」こそが、ＳＮＳの三つ目の特徴である。

（１）生活のスペクタクル化、（２）何でも裁きたがる傾向、（３）有名になりたいという欲求……こうしたＳＮＳの三つの特徴は、〈悪意の先験的条件〉であるのと同様に、〈バカの先験的条件〉とも言えるかもしれない。なかなか興味深いテーマだ。わたしはこの三つの特徴をコンパスにして、中心ばかりが増えて外周がない、このＳＮＳという奇妙なフィールドを歩いていきたいと思う。

リアルか、あるいは単なるイメージか

動画を共有するＹｏｕＴｕｂｅのようなサイトができたことで、誰もが自分の「チャンネル」を持てるようになった。そのチャンネルでは、自分が気に入っている既存の動画を集められるほかに、自らが作成した動画を公開することもできる。この機能のおかげで、生活のスペクタクル化がさらに加速した。とくに顕著なのは、「自分はこんなにすごいことができるぞ」と、他人にアピールする「チャレンジ動画」だ。始まりは、二〇一四年にブームになった〈ネックノミネーション〉というゲームだ。アルコールをイッキ飲みするところを自撮りし、

その動画をフェイスブックなどのプラットフォームを介して一般公開する。その際、誰か別の三人を指名して、二四時間以内に同じことをやるよう命じるのだ。アメリカ発祥の〈コールドウォーター・チャレンジ〉も同じ要領だ。このゲームの参加者は、冷たい水に飛びこむか、友人たちに食事をおごるか、どちらかを選ばなくてはならない。当然のことながら、多くの勇気ある者たちが池やプールに飛びこみ、一万九六〇〇本以上の動画がYouTubeにアップされた。それに伴い、滑ったり転んだりといったアクシデントも数多く発生し、時に大事故を引き起こしている。フランスのブルターニュ地方では、片脚に自転車をくくりつけて水に飛びこんだ青年が溺れて命を失った。パ・ド・カレ地方では、頭蓋骨折と頸部損傷の重傷を負った者がいた。そうした悲劇が起きても、多くの参加者が、自らの配偶者やきょうだいを次の挑戦者に使命している。

チャレンジ動画を撮影するために命を落としたり、家族を危険にさらしたりする行為は、おそらく「バカ」と呼んでよいだろう（それに対する反論はほとんどないように思われる）。こうした行為には、前述したSNSの三大特徴のひとつと、テレビのリアリティ番組にも共通するある特徴が見られる。SNSの三大特徴のひとつとは、もちろん「生活のスペクタクル化」だ。チャレンジ動画の投稿者にとって、興味の中心は「チャレンジ」そのものではなく、他人に見られることだ。アイルランドの哲学者、ジョージ・バークリーの有名なことば、〈存在するとは知覚されることである〉は、デジタル時代に生きる人たちのための格言なのだ。そしてもうひとつ、テレビのリアリティ番組に共通する特徴とは、「当事者と傍観者の完全なる分離」だ。当事者が苦しむ姿を傍観者はただ見ているだけだ。当事者が悲鳴やうめき声を上げるほど、傍観者は喜ぶ。こうした傍観者のサディズムについては、古代ローマ時代の哲学者、ルクレティウスが『事物の本性について』ですでにこう言及している。

「風が水面を大きく波だたせる広い海で、他人が厳しい試練を受けているさまを、地上で見ているのは快いものだ。他人が苦しむのが嬉しいのではない。あれほどの苦しみを自分が受けずに済んだことが快いのだ」

こうして「リアリティ」は、テレビの視聴者投稿ビデオと同レベルの「イメージ」となる。世界中でもっとも多く視聴されているチャレンジ動画のひとつに、若い女性が桟橋の上で滑って転んで向こうずねを打ったシーンがある。この動画の視聴回数は三〇万二一六四回で、そのうち「高く評価」を押したのは一万七〇〇〇人だったのに対し、「低く評価」を押したのはわずか一八二人だった。だが、撮影者が滑って転ぶ前に「女だって水に飛びこむ勇気くらい持ってるのよ！」[*5]と宣言したことに対し、三七七人のネットユーザーが悪意あるコメントを書いている。いったいどんなことが書かれているか、いくつかピックアップしてみよう。[*6]

Shesounet（1年前）

おまえの向こうずねは、おまえのバカさ加減に耐えられなくなって自殺したんだ

B14091990（3年前）
これぞまさに素晴らしき現代のフランス人女性！　バカバカしい！
crystal（1年前）
女とは抱かれるものであって、転ぶものではない
MonsieurPoptart（3年前）
ヒステリックなデブバカ女
sjdhsjd23（3年前）
やっぱりフェミニストは抜け目ないわ
faydeurshaigu（1年前）
あたしはオンナだけどさ、水に飛びこむのなんて、あたしにしてみたらちっとも男っぽい行動じゃないんだけど。この人、このチャレンジのせいで自分の理論を台なしにしてるんじゃない(^_^;)
AWAMcube（1年前）
この人って、単に、ええとなんて言ったらいいか……バカだわ、すっごいバカ
Cyril Benoit（2年前）
結局、この女、カメラの前で自分をアピールしたかっただけだろう。モチベーションがくだらないから、くだらない結果を引き起こすんだな

Kevin Prudhomme（2年前）
転んでるし（爆）。超痛そう（＞＜）

こうして見るように（余計な説明は不要かもしれないが）、投稿者とその動画は、ネットユーザーたちから「バカ」と裁かれ、悪意や女性差別（あるいは両方）の対象とされ、嬉々として侮辱され、見下されている。他人の「スペクタクル」がバカバカしく見えるほど、傍観者は大きな喜びを感じる。そして、自らの嫌悪感（このケースでは女性やフェミニズムに対して）や悪意を表明したり、罵詈雑言を浴びせたりすることに快感を覚えるのだ。

バカの定義

別の事例を挙げよう。拙著『デジタル時代の行動における悪意』でも取り上げたが、フランスの人気テレビ番組『ほとんど完璧なディナー』に対するネットユーザーたちのコメントだ。この番組では、一般の視聴者から選ばれた五人の出演者のうちのひとりが、ほかの出演者たちを自宅に招いてディナーをふるまう。招かれた四人は、招いた側の料理、テーブルセッティング、雰囲気などをいくつかの基準にしたがって採点し、そのホスピタリティの高さやノウハウを評価する。その番組のある回で、ふるまわれたフルーツサラダに缶詰のサクランボが使われているのを見て、文句を言った男性がいた。言い争いが始まり、ヒートアップしたその家の主人のサンドラは、文句を言った相手の顔にコップの水をぶちまけた。二〇一五年一月一七日、このシーンがＹｏｕＴｕｂｅにアップされると、二〇一八年三月二〇日までに三六七万八八〇五回視聴され、一万六〇〇〇件に及ぶコメントがついた。[*7]

すべてのコメントを分析することはできなかったが、上から七〇〇件のコメントを読むだけでも、ネットユーザーにとっての「バカ」とはどういうものかを理解できる。彼らは数年間にわたってずっと、このシーンについて論じあっているのだ。

多くのネットユーザーにとって、きちんとした食事に缶詰のサクランボを使うことは、「客観的に見てバカ」と定義されるらしい。

Game Of Thrones（2年前）
客観的に見てバカだ。ぼくだって、手作りデザートに缶詰のフルーツなんか使わない。まったくヒトをバカにしてるよ。あの男に注意されてあの女がしたことといえば、怒鳴りつけて水をぶっかけただけだ。しかもあのバカ女の得意げなようすときたら。マジメな話、この番組の出演者の人選はどうなってるんだ？　クジ引きかなんかで適当に決めてるのか？

このコメントに対し、一六一人が「高く評価」を押しており、「低く評価」を押した人はひとりもいなかった。ということは、多くの人が同じように感じていると判断してよいだろう。ところが、サンドラについてコメントをした人の大半が、彼女の行動ではなく見た目に言及している。以下、代表的なものをいくつか挙げよう。

frederic572（5カ月前）
服を脱いで四つん這いになって、ブタのマスクをつけろよ。それで完ぺきだ
Tib Lun（6カ月前）
このクソデブ女め
Jessica Martin（7カ月前）
デブでのろまの尻軽中年女
john do（7カ月前）
こんなに醜いデブマグロはなかなかいないぞ
Lolilol（1年前）
今朝あたしがやっつけてやったウスノロ女にそっくり。悪いけど、すっごくムカつく！
By Weapz（8カ月前、編集済み）
サンドラ（一九歳）：二重アゴ、きったねえ化粧、ブス、バカ、礼儀知らず、デブ、口が悪

い。こういう人間は生きたまま火あぶりにすべきだ。「あたしだって一日中がんばったのよ（2:00）」だと？　は？　サクランボを買いに行くこともしないで、誰が「がんばった」って？　こいつ、誰かどうにかしてくれよ。おれがあの男だったら、このブタをひっぱたいてやる。だがおれは、このバカ女に対して、食事中ずっと冷静に対応してたあの男のことはすっげえリスペクトするよ。「だから、今に痛い目に遭うって言ってるのよ」だと？　は？　あのデカい腹のせいで椅子から立ち上がることさえできないくせに、いったい何ができるっていうんだ？

他人の行為に対してではなく、見た目に対してこれほど攻撃的になれることに心底驚かされる。下劣なコメントが次々と集まるにつれて、サンドラの姿はスケープゴートとして形作られていく。文芸批評家のルネ・ジラールが述べる〈スケープゴートに選ばれる者たちに共通する特徴〉によると、とくに「病気、狂気、遺伝による奇形、事故による手足の切断、身体障害」[*8]などの特徴を持つ者がターゲットになりやすいという。「こういう人間は生きたまま火あぶりにすべきだ」という非常に残酷なコメントを見ると、他人を糾弾することばが、象徴的ではなくリアルな意味で、憎しみを生み、殺人にまで発展していく過程すら容易に想像できる。

こうした「知性の欠如」は、ごく少数の者たちにとっては「バカ」の定義となりうるようだ。次のコメントを見てほしい。

M.A.D（1年前）

みんな、何を必死になってくだらないことばかり言ってるの？　納得できる意見を誰ひとり言ってない。情けないと思わない？　あ、言っとくけど、あたしはあんたたちが想像するような「デブ」じゃないから(＞＜)見た目が「ふつう」でも、そうじゃない人をバカにするんじゃなくて、かばうことだってできるのよ。それを「知性」って言うの、わかる？知性？　あんたたちがしょっちゅう「おまえに欠けてるもの」と言われてるアレよ。さあ、このへんでやめておくわね、時間の無駄だから。じゃあね

lili beyer（1年前）

M.A.D、遅くなっちゃったけど、わたしもあなたに大賛成。ここのコメント欄は最低だわ。他人の行動には言及せずに体重のことばかり話してる。なんて情けない人たち。悪意の塊、バカの集まりよ

severas rogue（1年前）

M.A.D、きみはまったくもって正しい。このコメント欄では、ディナーで実際にあったことについて話すべきで、ほかのこと、とくに体重のことなど話すべきではない。ここで体重についてコメントしたやつらは本当に知性に欠ける人間だよ

この少数派の人たちは、ことばの使い方はわたしとは異なるものの、このSNS時代の「バカ」の特徴を見事に言い当てている。彼らにとっての「知性に欠けるバカ」とは、人間の生活のうわべだけを見て、ギー・ドゥボールの言う「イメージによって媒介される社会的な人間関係」をコミュニケーションの基本とし、有無を言わさず他人をバッサリと裁く者たちなのだ。

さて、これまでSNSの三大特徴として「生活のスペクタクル化」と「何でも裁きたがる傾向」を見てきたが、あとひとつ、「有名になりたいという欲求」が残っている。確かに、勇気を出して冷たい水に飛びこむという「スペクタクル」にも、「有名になりたいという欲求」は含まれるだろう。そもそも、SNSを始める理由そのものが、「有名になりたいという欲求」であるケースも少なくない。

「どうしたら不特定多数のネットユーザーたちから、自分だけが抜きんでることができるだろう?」

これは、有名になりたいすべての者たちが抱えている問題だ。そしてその多くが、人目を引く行為、つまり「スペクタクル」によって現状を打破しようとする。前述したように、チャレンジ動画を撮るために家族を危険にさらす者たちもいる。だがユーチューバーの中には、有名になりたいがためにさらに大きなリスクを負う者たちもいる。あるアメリカ人の若夫婦もそうだった。

「ペドロとわたしは、世界史上もっとも危険な動画をこれから撮るつもりです」

妻はそう宣言すると、胸元に分厚い百科事典を抱えた夫に向けて銃を撃った。百科事典が銃弾を受け止めてくれると思ったのだ。ところがその結果……妻は夫を殺害した罪で六カ月の懲役刑に処された。まさにエベレスト級のバカだ。だが、こうしたバカの山を登る者たちは今後もたくさん現れるだろう。

こうした〈バカの先験的条件〉としてのSNSの三大特徴は、この記事で紹介した以外の多くのケースにも当てはまる。そう考えると、SNSというフィールド内で生まれて形成された「バカ」について、これら三つの特徴は「バカの定義」と言いきることができるだろう。その一方で、ある疑問が脳裏に浮かぶ。

「SNSでバカな発言をするのは、いったいどういう人物なのだろう?」

通常、SNSユーザーのプロフィール欄には詳細が記載されないので、彼らがどういう人物なのか、育った環境、年齢、性別さえわからない場合がある。そのため、年齢によって趣味が変わるのと同様、バカさ加減も年齢に応じて変わると考えるなら、目の前のバカな発言をどう判断すべきか難しくなる。だが、わたしが調査を行なったケースから推測すると、書きことばのスペルミスが多いことから、もしかしたらこうした発言者の多くは、まだ学校教育を修了していない少年少女なのかもしれない。だとしたら、こうしたバカな発言は単なる「若気の至り」にすぎないと結論してもよいのだろうか?

インターネットのせいで人間はバカになる？

ハワード・ガードナー

ハーバード教育学大学院認知学・教育学教授、発達心理学者、マルチプル・インテリジェンス（多重知能）理論提唱者、1990年グロマイヤー賞教育部門受賞。主な著書に『自己革新　成長しつづけるための考え方』矢野陽一郎訳（英治出版、2012年）、『知的な未来をつくる「五つの心」』中瀬英樹訳（武田ランダムハウスジャパン、2008年）などがある。

インターネットのせいでわたしたち人間は「三つの美徳」を失いつつあるとあなたは言っていました。その三つの美徳とは？

ガードナー　一九九九年、わたしは『鍛えられた心』〔未邦訳〕という本を上梓しました。そこには、教育の主な目的は、読み書きを教えることのほかに、人生において必要とされる三つの美徳を学問の一環として教えることにあると書かれています。

（1）真実とそうでないものを見分ける力
（2）自然や芸術における美しさを理解し、自分は何を好むかをきちんと説明する力
（3）倫理的・道徳的に正しい思考や行動をする力

でも、この本を書いた時点のわたしはまだ若かった。昔から持っていたこれら三つの美徳を、人間が失うはずはないと信じこんでいたのです。ところが、それは間違いでした。その後の一〇年間で、わたしは哲学（ポストモダニズム、相対主義）とテクノロジー（デジタルメディアの出現）について、自らの考え方を改めざるをえなくなりました。

貴著『真実、美、善の新しい形』[*1]〔未邦訳〕で、あなたはインターネットについて「カオス空間」、「混乱を生むもの」、「思慮が存在しない世界」と書いています。インターネットの問題は、情報の質と量のどちらにあるのでしょう？

ガードナー　両方ですね。情報があまりにも多すぎると、人間の脳はそれらに飲みこまれて麻痺状態に陥り、正しい判断ができなくなります。しかも、そのほとんどが質の疑わしいものである場合はなおさらです。ブログ、SNS、ホームページによって提供される情報には、真実かどうかの判断が難しいものがたくさんあります。でも、この本に書いた「真実」に関する結論は決して悲観的ではありません。わたしたちは現在、いまだかつてなく、現実に何が起きているかを正確に知りうる時代に生きています。時間をかけて、慎重に判断さえすれば、真実を手に入れられるのです。

近年の事件から例を挙げましょう。二〇一三年四月、ボストンマラソン開催中に大規模な爆弾テロ事件が発生しました。その直後からわたしたちは、現場で実際に何が起きたのか、原因は何だったのか、容疑者とされる兄弟はどういう痕跡を残したのか、といった刻々と判明していく事実を、フェイスブック、ツイッター、その他のSNSによって随時知ることができたのです。デジタルメディアがない時代には考えられないことでしょう。もちろん、真犯人はあの兄弟ではないと信じる人たちはいまだにいると思います。でも、そうした「否定論者」の意見が通用するのはごく内輪だけです。「バラク・オバマはアフリカで生まれたイスラム教徒だ」という噂と同レベルにすぎません。

インターネットによって、信頼できるものやそうでないものも含めたさまざまな見解が提供されることで、あなたが批判する「行きすぎた相対主義」が広まっています。でもその一方で、科学研究にとっては重要な「疑いを抱く傾向」も広まったと言えるのではないでしょうか？

ガードナー そのとおりです。インターネットのおかげで、「真実はたったひとつしかない」という概念が崩れかけています。わたしが若い頃は、ごく限られた映像メディアしかなかったので、みんなが同じことを言い、誰もがそれを真実だと信じていました。その頃に比べると、今のわたしたちはずっと懐疑的です。たとえば、「イラクに大量破壊兵器なんかなかった」という見解もそうです。「従来のメディア」は「あった」と主張し、わたしたちにもそう信じこませようとしましたが、インターネットのおかげでそうはなりませんでした。「疑いを抱く傾向」には確かにメリットがあります。

ただし、そうした「疑いを抱く傾向」が「懐疑主義」に陥ると危険です。前述したように、きちんと判断さえすれば、歴史や政治や科学などさまざまな分野における真実を、かつてないほど知ることができるのが今の時代です。たとえば近年、科学研究において不正行為が行なわれていた事実がしばしば明るみに出ています。これもデジタルメディアがない時代には見つけだすのは難しかったでしょう。

あなたは多重知能理論《マルチプル・インテリジェンス》の提唱者です。インターネットは知能にどういう影響を与えるのでしょう？　よい影響、それとも悪い影響でしょうか？　また、インターネットは新しいタイプの知能、つまり集団的知能《コレクティブ・インテリジェンス》を生みだすのでしょうか？

ガードナー　総合的に見れば、デジタルメディアは多重知能にとって有益だと思います。さまざまなアプリ、ゲーム、教育プログラムなどのおかげで、かつてないやり方であらゆる知能を同時に働かせる状況を作りだせるからです。知能を多元的に成長させられるという点で非常にすぐれたツールと言えるでしょう。ただし、知能は人間の脳の反映であることを忘れてはいけません。人間の脳は何千年単位でゆっくりと進化しています。わずか数十年前に出現し、数年単位で進歩するテクノロジーに対してすぐに順応できるはずがないのです。ですからわたしは、「デジタル脳」などという今時の考え方には賛同できかねます。それに、前世紀のメディア研究家、マーシャル・マクルーハンならそう言うかもしれませんが、新しいテクノロジーが新しいタイプの「知能指数」を生みだすとはわたしには思えません。集団的知能といっても、たとえばインターネット上でのコミュニケーションで得られる情報は、誰かと直接会って会話をしたり影響しあったりして得られる情報とはまったくの別ものです。

集団はいつの時代も論争や議論において重要な役割を担います。何千年も前、古代ギリシャ劇に必要不可欠だった集団「コロス（コーラス）」もそうでした。でもわたしがここで言いたいのは、集団は確かに「集団的知能」になりうるかもしれませんが、同時に「集団的バカ」にもなりうるということです。哲学者のジョルジュ・ソレルや思想家のエリアス・カネッティらも一世紀前ほど前にすでに言及していましたが、群衆は建設的にも破壊的にもなりえます。それに、企業や団体がオンライン上で数値や順位を改ざんする場合があるのは、いまや周知の事実となっています。インターネット上で意見を表明しているのは「一般人」だけでなく、ある種の意見や経験をアピールするために「金で雇われた何者か」であるかもしれません。「いいね！」の数を知るのは確かに興味深いですし、少しは参考になるかもしれませんが、わたしは個人的にその意見の「質」と、その意見を述べた人物の「良識」のほうにずっと興味がありま す。「量」と「質」はまったくの別ものです。

インターネットのせいで「真実」と「美」と「善」が失われつつあるとあなたが嘆くのは、これらの美徳の権威が失墜するのが心配だからでしょうか？

ガードナー　他人にアピールするための権威がどうなろうと、わたしは興味がありません。他人がどういう資格を持っているか、年齢はいくつかなど、少しも気になりません。むしろ、その人がどういう知識を持っているか、どのように判断するか、自らの意見を主張する前にきちんと考えたか、誰かに反論された時に自らの誤りを認めることができるか、などのほうにずっと関心があります。でも、今のあなたの質問で昔のジョークを思いだしました。

「インターネットでは、誰もあなたが犬だとはわからない」

もしその権威が、他人にアピールするためのものではなく、自らの努力が報われるためのもの、あるいは自らの実績を正当に証明するためのものだとしたら、わたしも守りたいと思うでしょう。

生涯学びつづけることは大切だと、あなたは言いました。でも、学びつづけることで、「真実」と「美」と「善」に関して、最終的にひとつのコンセンサスに至るのはなぜなのでしょうか？　どうして、より感性が個人的になったり、相対主義的になったり、より疑いやすくなったりはしないのでしょう？

ガードナー　とても興味深い質問ですね。でも、これについては「時と場合による」としか言いようがないでしょう。分野によっては、知識が増えるほど確信できなくなることもあります。たとえば、他人の人間性については、相手を知れば知るほどわからなくなることがあります。でも、わたしが学生の研究を評価する場合は、よく知るテーマほど自分の判断に対する確信は強くなります。また、五〇年前と違って、わたしたちは気象予報が科学的根拠に基づいていると知っているので、きちんと耳を傾けるようになりました。分野によっては、知識が増えるほど確信できるものもあるのです。つまり、どういう分野において、何を基準に判断するかによるでしょう。拙著でわたしが「美」について書いた時、まさにこの件について言及しています。「美」に対するわたしたちの見解は、ずっと一定でありつづける保証はどこにもありませんし、ほかの人たちの見解と必ずしも一致するとも限りません。それでも何の問題も起こらないのです。「他人の嗜好にとやかく言うな《デグスティブス・ノン・エスト・ディスプタンドゥム》〔「蓼食う虫も好き好き」の意〕」というラテン語のことわざどおりです。[2] ただし、ほかのふたつの「美徳」、つまり「真実」と「善」については事情が異なります。ひとつの文化圏あるいは異文化間において、何が正しくて、何が間違っていて、何があいまいか、何が倫理的・道徳的で、何がそうではないか、ある程度のコンセンサスがなければ社会を永続させることはできないでしょう。

日常生活においても、ほぼすべての人たちが、「真実」と「善」について完全なコンセンサスを得られると確信しているようにふるまいます。さまざまな理由からそれに疑いを抱くのは、哲学者や人間科学研究者くらいでしょう。でもそういう彼らも、自分の子どもに対しては、「真実を話しなさい」、「あれは正しくない行為だからこうしなさい」などと命じているのです。

インタビュアー：ジャン＝フランソワ・マルミオン

バカとポスト真実

セバスチャン・ディエゲス

神経心理学者、スイス・フリブール大学認知学・神経科学研究所研究者。著書に『みんなくそったれだ！　ポスト真実が生んだもの』(2018年)『アーティストの苦悩　その作品に隠されているもの』(2010年)がある(いずれも未邦訳)。

人類はどんどんバカになっているのだろうか？　現代社会のさまざまな変化を目の当たりにすると、ついそう問いたくなる。見るからに知的で、豊富な知識を持っていそうな人たちが、ワクチンの科学的な有効性を信用しなかったり、地球温暖化を否定したりする。突拍子もない「陰謀論」を信じこんだり、選挙で軽々しくバカに投票したり、バカげたプロジェクトに参加したり、どうでもいいことにムキになって腹を立てたり、一時のくだらないブームに熱狂したりする。「誰がどう言おうと、地球は平らだ」と、信じて疑わない人たちさえいる。世界では、外交における緊張状態が続き、絶えず戦争やテロが起こり、環境がみるみる破壊され、ごく一握りの者しか利益を得られない経済システムによって支配されている。バカが勝利するようにできているのが現代社会なのだ。[*1]　頭脳明晰を自称する知識人たちも、こうした世界の崩壊に加担しつつ、現状について月並みな言い訳を口にする。

「アメリカ人のせいだ」
「社会のせいだ」
「農薬のせいだ」
「炭水化物のせいだ」
「グルテンのせいだ」
「ホルモンバランスの乱れのせいだ」
「左派のせいだ」

「右派のせいだ」

「エリート層のせいだ」

「下層階級のせいだ」

「外国人のせいだ」

「遺伝子の異常のせいだ」

「教師の怠慢のせいだ」

「教育論が机上の空論であるせいだ」

「タブレットのせいだ」

「テレビやビデオばかり観ているせいだ」

「電磁波が脳に悪影響を与えるせいだ」

だが実際は、こうしたすべてが〈ウンコな議論《ブルシット》〉〔「バカげた発言」や「デタラメなことば」のこと〕なのではないだろうか？

〈ウンコな議論〉とポスト真実

もちろん、「そんなのはデタラメだ。世界は何の問題も抱えていない」と、言いたいわけではない。わたしが言いたいのは、現代社会において人間の知性が低下しているように感じられるのは、〈ウンコな議論〉を口にする人間が増えているせいではないか、ということだ。[*2] バカとは知性の欠如（だけ）を指すわけではない。非常に知的な人間であっても、〈ウンコな議論〉をするバカになりうる。たとえば、知識人がまわりに持ち上げられて政治家に就任したり、専門家が門外漢の分野について堂々とコメントをしたりすると、〈ウンコな議論〉をしやすくなる。

〈ウンコな議論〉の権威、哲学者のハリー・フランクファート[*3]によると、〈ウンコな議論〉の特徴は「基本的に真実に対して無関心であること」だという。そういう意味で、「嘘」と〈ウンコな議論〉は真逆と言えるだろう。「嘘つき」は常に真実に目を光らせている。自分の嘘がバレないよう、真実を歪めたりごまかしたりしなくてはならないからだ。だが、〈ウンコな議論〉をする者は真実を気にしない。自分が主張する内容が正しいか正しくないかはいっさい顧みず、現状をどうにかやりすごすためだけに、頭に浮かんだことをなんでも口にする。彼らは、さまざまな戦略を駆使しながら嬉々として〈ウンコな議論〉をする。情報操作、話題のすり替え、検索エンジン最適化（SEO）、蒙昧主義、聞き手の情に訴える表現、もったいぶった口調、紋切り型の表現、空疎なことば、上から目線の口調……すべて〈ウンコな議論〉だ。「彼らは、いかなる状況においても、あらゆる手段を使って、自分が損をしないようにうまく切りぬけようとする」と、フランクファートは言う。正しい情報を何ひとつもたらさず、中身のあることは何も言っていないのに、素晴らしいことを言っているかのようにふるまう。〈ウンコな議論〉は一種の知能犯的カムフラージュ、知的パラサイトだ。さも話し合いに貢献しているかのように見せかけておいて、実際は進行を妨げている。論理的に会話を進行させる発言とは真逆にあるのが〈ウンコな議論〉なのだ。

では、こうした〈ウンコな議論〉が、なぜ世の中でまかり通ってしまうのか？　嘘つきの場合、嘘がバレるとふつうは世間から非難、軽蔑、排斥される。だが〈ウンコな議論〉をする者は、たとえそれがバレてもいかなる罰も受けていないように見える。フランクファートは著書で「読者の判断にゆだねる」としてこの問題を不問としたが、この現象は心理的な要因によって（社会的・文化的な要因ではなく）説明できるように思われる。主にふたつの要因が考えられる。ひとつは、わたしたちが〈ウンコな議論〉に対して寛容でありすぎるということだ。誰かが会話の中で〈ウンコな議論〉をすると、わたしたちはまず相手が何を言おうとしているかを理解しようと努める。状況から判断してその意味を推測したり、必要とあれば相手に対して「それってこういうこと？」とこちらの解釈を提示したりもする。つまり、〈ウンコな議論〉を浴びせられた者も〈ウンコな議論〉に貢献してしまうのだ。そしてふたつ目の要因は、〈ウンコな議論〉をする者が世間の人々の甘さにつけこんでいるということだ。もし彼らが堂々としていて、自信に満ち、熱意が感じられ、誠実そうに見えれば、その発言は〈ウンコな議論〉だと気づかれにくくなる。それどころか、まわりから高い評価を受けて、ますますのさばるようになる。フランクファートは、「誠実そうに見えることこそが、ウンコな議論をする者の証拠だ」とさえ述べている。現代社会では、「心をこめて話す」、「熱弁する」、「本音を打ち明ける」、「ざっくばらんに語る」、「ストレートに言う」、「ぶっちゃけて言う」ことは、まじめに、注意深く、適切に、正確に話すことより価値があるとされ、そちらに重点を置く話し手が増えつつあるのだ。

「誠実そうな」話し手と「寛容すぎる」聞き手……両者が互いの役割を演じつづけることで、相互作用が起こりやすくなり、〈ウンコな議論〉にとって都合のよい雰囲気が作られる。〈ウンコな議論〉が増殖する環境はこうして完成するのだ。もしこの分析が正しいとしたら、現代はまさに〈ポスト真実〉時代の到来期と言えるだろう。〈ポスト真実〉とは、オックスフォード英語辞典によると、「客観的な真実より、個人的な感情や信条に訴えるほうが、世論の形成に大きな影響を与えやすい状況」のことだ。[*4] 同辞典を出版するオックスフォード大学出版局によって、二〇一六年の「今年のことば」に選ばれてもいる。こうした状況において、世論を共有しない者は、人々の信条を尊重せず、他人を操作しようとし、背徳的で、事実上過ちをおかしている者とみなされる。議論の場では、誰もが自己弁護に終始し、自らの意見を他人に押しつけ、まわりの者を貶める。そうすることで、自分が属するグループのメンバーに対しても、自らの完璧さ、強い信念、高い徳をアピールしようとするのだ。この忌まわしい状況においては、当然のことながら、真実や事実、物事の本質や意味などはすべて二の次とされ、疑わしいものにさえなり下がってしまう。

だが、公正な目を持つ人間であれば、このような状況を目の当たりにすれば、「これはちょっとバカげていないだろうか」と、疑問を感じずにいられないだろう。〈ウンコな議論〉、〈ポスト真実〉、〈オルタナティブファクト〉、フェイクニュース、陰謀論……結局のところ、これらはすべて「バカ」の別称にすぎないのではないか？

現代版バカとは何か

フランクファートが定義する〈ウンコな議論《ブルシット》〉ということばは、通常は「バカ」と訳される〔本書では山形浩生訳、フランクファート『ウンコな議論』にしたがい、「bullshit」を〈ウンコな議論〉と訳している〕。だが残念なことに、「バカ」は哲学的な意味では〈ブルシット〉に一致するとしても、その定義のあいまいさのせいで〈ブルシット〉という概念を完全に言い表すことはできない。この場で意味論上の深い考察をすることは控えるが、「バカ」ということばは、状況次第で「嘘」、「愚か」、「くだらない」、「無知」、「無能」など、さまざまな意味に解釈されうる。指示範囲が広すぎるため、〈ポスト真実〉における問題点を「バカ」ということばによって理解するのは難しいだろう。だがその一方で、「バカ」は「真実に対する愚かな言動」を指し示すには十分なことばだ。この概念に対しては、「まぬけ」、「アホ」、「とんま」といったことばも相当しうるが、前述したように「知性の欠如」とは区別されなくてはならない。実際、「真実に対する愚かな行動」には、むしろある程度の知性が必要とされる。「バカ」な発言を作りだし、それを弁護し、拡散させるには、かなりの認知能力と頭の回転の速さを備えていなくてはならないからだ。

つまり、知的で、豊かな知識を持ち、他人の誤りや間違いを無慈悲なまでに厳しく糾弾する者が、実はものすごい「バカ」だということもありうるのだ。こうした人物は、さまざまなことをなおざりにして、明確な目的を持たないままに発言したり行動したりする。真実や知識の本当の価値を知らず、知識を得ることの真の意味を理解できず、知識を適切に使うことができず、正しい発言をするためのルールややり方を守らず、そのルールややり方を守るべき理由も気にかけず、自らの知識をどうしたら正しく伝えられるかを知らず、なぜ自分の知識を他人に正しく伝えなくてはならないのかさえわからない。[*5] こういうバカは、オーストリアの小説家のロベルト・ムージルが言う「知的なバカ」の典型だ。ドイツの哲学者のカントは、こういう人物について「判断力が欠如している」と述べ、しかも「残念ながら、この欠点は治らない」と書いている。構造的に見ても、この手の「知的なバカ」は必ず〈ウンコな議論〉をする。発言のもととなる真実や知識についての考え方が、そもそも間違っているからだ。

ある意味で〈ポスト真実〉は、人間の知性を利用しながら、人類最高の「バカ」を作りだしていると言えるだろう。現代版バカには大きく三つの特徴がある。追って詳しく説明するが、簡単に言うと、それらは「ナルシシズム」、「無分別」、「知識人気取り」だ。バカを普及させるシステム、〈ポスト真実〉がどのようにして形成され、どうしてこれほどまでに〈ウンコな議論〉が増殖したかについては、これらの特徴を知れば理解できるだろう。それぞれの特徴は相互作用によっていっそう強化される。また、「バカ」によって倫理にどういう影響が及ぼされるか、〈ポスト真実〉は今後どのように変化し、わたしたちはどうやってそれに対抗すべきかについても、駆け足にはなるが考えてみたい。

繰り返しを好むバカ

フランスの哲学者、アラン・ロジェによると、「バカとは、論理の欠如ではなく、むしろ逆に論理の過剰である」という。[*6] バカはトートロジー(同語反復)を好んで使いたがる。

「金は金だ」
「誰がなんと言おうが、宗教は宗教だ」
「他の人がバカでないのなら、わたしもバカではない」

いずれも「バカ」丸出しの発言だ。「A＝A」というバカげた同一性の法則にのっとったものだが、すでに言ったこと、考えたことを再度繰り返しているにすぎない。こういう人物は尊大で、自信に満ちている。

「わたしは自分が考えたことだけを言い、自分が言ったことだけを考える。そのことを言い、そのことを考えるためだけにそうする。もし、わたしがある見解に同意しないなら、その見解は間違っているか、わたしには無関係であるかのどちらかだ」

こういう人物は、自分と同じ考え方、自分と同じ好みや嗜好に属するものしか理解できない。自分の考えに賛成しない者はすべからく敵であり、疑問を呈されることは事実上の侮辱となる。

「わたしもこれと同意見だ。わたしはこれをシェアする」

なんとバカげていてこっけいな言い回しだろう。現代社会では、バカな発言はかつてないほどたやすく、そしてスピーディーに「シェア」され、「フォロー」される。これもまた、論拠を述べずに同じことを繰り返すという意味で、単なるトートロジーにすぎない。

トートロジーにおける論拠は「罠」だ。これは単なる、繰り返し、自己満足、主観の表明、決まり文句、月並みな表現、ありきたりな言い回しにすぎない。だが、「A＝A」という同一性の法則に基づくこのトートロジーは、中身は空っぽではあるものの、非常に使い勝手がよいという特徴を持っている。

「ユダヤ人はやっぱりどこまでいってもユダヤ人だ」

まったくバカげている。何の論拠もない。「だってそうなんだからしかたがない」、「それ以上でも以下でもない」としか言っていない。

「弊社はお客さまの声に耳を傾けます」

これも、トートロジーと同じ機能を持つ、徹底的に「バカ」なことば、つまり〈ウンコな議論〉だ。[*7] だが、役に立たないわけではない。この手の言い回しはある種の幻想を生む。実際、「お客さまの声に耳を傾けます」と宣言する企業は、顧客のことを第一に考え、高い満足感を与えるために努力しているかのように見える。この手の〈ウンコな議論〉をするだけで、その断定的なことばのパワーがポジティブな効果をもたらすのだ。もちろん、実際には何も行なわれず、行なわれる「べき」ことを述べているだけなのだが。

つまり、「バカ」のことばとは、同じことを繰り返すことば、そして自分のことしか語らないことばなのだ。[*8] そこで語られるのは、自分が聞いたこと、経験したこと、見たこと、感じたことなどの、個人的な実例でしかない。主観的な見解を相手に押しつけ、「真摯さ」と「誠実さ」をアピールするだけでなく、自尊心を満足させ、充実感を味わうこともできる。バカは自分で何を話しているかわかっているつもりで、実際に頭の中にあるのは、自分の発言はすべて正しいという信念だけだ。その信念を支持すべきまわりの者たちが、自分にアドバイスをしたり、誤りを指摘したり、こともあろうに自らの考えを改めさせようとするとは、決して思いもよらない。そして、バカが自らの信念を諦めざるをえなくなる状況になることはまずないだろう。どんな時も自らの主張を強化させうる魔法のパワー、〈確証バイアス〉を備えているからだ。こうして、反対意見をことごとく無視するか、自分に都合のよいように解釈するかして、自らの信念を正当化させる証拠だけを集めつづけるのだ。[*9]

バカげた発言、知的怠惰、自己満足、ナルシシズム……これらはいまや一体化し、「直観の勝利」へ向かって突き進む。
「わたしの意見、わたしの行動は正しい。なぜならそれはわたしのものだからだ」
その一方で、「真摯さ」と「誠実さ」を十分にアピールできず、堂々とした態度をとれず、自信がなさそうに見える人は、あっという間に信用を失ってしまう。たとえ真実を大切にし、正確であろうと心がけ、まじめであろうとし、事実を論理的に詳しく説明できたとしても、「心をこめて熱弁」できない人は信用されないのだ。これぞポピュリズムの大きな原動力のひとつだ。こうして「極めつきの嘘つき」が、仲間から支持され、代表として選出される。またしてもバカげた同一性の法則だが、今回はグローバルな規模で行なわれる。[*10]
繰り返すが、こうしたバカのメカニズムは知性とは関係がない。[*11] あるグループに属する者たちが、知的レベルは低下していないにもかかわらず、一斉にみるみるバカになっていくことは十分にありうる。逆に、こうしたバカのシステムを支えるには知性が大いに必要とされるのだ。とりわけ、「信念」と同義である〈個人の認識論《パーソナル・エピステモロジー》〉[*12]の確立と維持は大切だ。これさえ確立できれば、知識は「直観」によって形成される。何かが「真実」とされるには、それが真実であると宣言し、「心の底からそう確信した」と述べればよい。もしそれを、自らを定義しうる「価値あるもの」にできればさらによい。

わたしはなんというバカなんだ！

自らをバカと自覚できるうちは、バカはバカになりえない。残念なことに、バカはバカであるがゆえに、自分のバカさ加減に気づける知的能力を備えていない。これこそが〈個人の認識論〉の盲点であり、場合によっては大きな悲劇をもたらしかねない。バカはバカであることの利点を知っており、論理的な人間の攻撃から身を守るすべを知っているという点で、バカから遠いところにいる。

バカは同一性の法則の中に閉じこもっているので、物事を別の視点から見る能力を事実上備えていない。つまり、自分以外の人間、とりわけその分野について自分以上によく知っている者の視点に立つことができないのだ。[*13] こうした現象は、この研究に貢献した社会心理学者たちの名をとって〈ダニング＝クルーガー効果〉と呼ばれる。[*14] ある分野において能力が低い人間は、当然のことながらその分野でよい結果を残せないのだが、自らの能力の低さに気づかず、自分自身や自分がしたことを過大評価する傾向があるという。一方、どんな分野においてもプロフェッショナルと呼ばれる人物は、その分野に必要とされる高い知識を備え、研鑽を積み、難しい作業をコツコツとこなしながら、常に目の前の問題に取り組みつづける。プロフェッショナルは、プロの自覚を持ち、自らが取り組んでいる課題について熟知しつつ、自分には何が足りないか、今後はさらにどういうことを学ぶべきかも知っている。つまり、自らの限界を見極められるのだ。ある研究によると、本当に能力が高い人間は、自らの能力を低めに評価する傾向があるという。逆にバカは、自分がバカかもしれないという考えをこれっぽっちも抱かない。それどころか、バカとはどういうものかさえ知らないので、自分がバカだと気づけないのだ。それこそがバカにとっての問題なのだが、事実上は問題があるのは他の者たちということになっている。バカは自分がバカであることを知らず、自らのバカさ加減に困らされることもないので、自分の取り巻きだけでなくそれ以外の者たちにも遠慮なく自らのバカを押しつけようとする。

つまり、バカが〈個人の認識論〉を主観、「直観」、「真摯さ」、「誠実さ」によって確立しようとするのは、単に悪意から（だけ）ではない。それが失敗をしないもっとも確実な方法であり、しかも自分のバカ加減を隠すことができるからだ。バカは、決して侵害されることのない自我というシールドの内側に身を潜め、自らのバカさ加減を正そうとするあらゆるものをはね返す。そうすることで、自らのバカさ加減に気づき、自認し、自覚することができなくなるどころか、さらにひどいことに、自らが持ちうる知性のすべてをバカを自覚しないことに注ごうとする。バカの知性は、情報の質の良し悪しや自らの信念の有効性を判断するためには使われず、その情報が自分にとって好ましいものであるかどうかを見極め、気に入らない情報の信頼性を失わせることにのみ使われる。バカは自らを擁護するためにはとことん頭を使うが、それ以外にはまったく使わない。

こうしたバカの有害性は社会にもよくない影響を及ぼす。前述したように、バカは自らがバカであることを理解できないので、さもバカではないかのようにふるまう。そのせいで、やがて自らの能力を過大評価しはじめ、本当に知性が高い者たちを貶めるようになり（認めると都合が悪いということもあって）、結果的にますますバカが肥大する。真の信念を抱き、正しい情報を持っている者にとって、述べるべきことはただひとつの「真実」しかない。ところがバカは、バカな発言を大量にストックしている。真実がひとつしかないのに対して、愚かさはひとつではないからだ。バカは、効率よく、要領よく、コストをかけずに、あらゆることに対してバカな見解を表明する。すると、真実を伝える手段を備えた者たちも、大量のバカの発言にいちいち反論する時間が足りなくなってしまう。この現象を〈ウンコな議論の非対称の法則〉という。[*15]〈ウンコな議論〉は、誰もが簡単に、安価に、大量に作りだすことができるが、それを排除する能力と決意を持った者の数は少なく、しかも相当な努力が必要とされるのだ。

バカはモノマネをする

バカは「ナルシシズム」と「無分別」という特徴を持っている。このふたつが相互作用によって強化されると、バカはより世間一般に普及しやすくなる。知識が単なる「直観」や「誠実さ」の問題になり下がった現状において、「自信過剰」で「厚顔無恥」なバカは、「慎重」で「まじめ」な者より優位に立つ。「確信」と「情熱」を持って大声で熱弁さえすれば、言うべきことをたくさん持っているとみなされ、多くの人たちに耳を傾けてもらえるのだ。

ただし、バカが全員同じレベルというわけではない。バカのグループ内においても競争は激しく、生き残るには他のバカたちに抜きんでる方法を探さなくてはならない。だがそのせいで、またしても大きな問題が発生する。バカが頭のよいふりをしようとしはじめるのだ。まるで貴重な知識を惜しみなく与えようとするかのように、まるで斬新で深みのある見解を示すかのように、まるで熟考の末に絞りだした結論であるかのように、自信たっぷりに、重々しい口調で、とんでもなくバカなことを言う。バカたちが見いだした手口のひとつが「幻の論理」だ。論理的に説明をしてひとつの結論に達するのではなく、いきなり結論を述べておいて、その後でそこにつなげるための理屈をこねまわす。「バカは結論を出したがる」と、作家のフローベールも述べている。さらにバカは、フローベールの著書『ブヴァールとペキュシェ』の登場人物たちのように、自分は正しいやり方で結論を導いたと思いこむ。[*16] 驚いたことに、こうした手口はたいていの場合は成功し、天才、哲学の巨匠、神経科学の一流専門家としてバカが世間に認められることさえある。

疑似科学は、科学の皮をかぶりながら科学を見下している。フェイクニュースは、立証された信頼できるニュースのふりをしながら公式メディアをバカにしている。「陰謀論」は、真相を暴くために慎重で厳密な調査をしているように見せかけておいて、実際は何の努力もしていない。これらと同様に、バカも、自らの最大の敵であるはずの「論理」や「知識」や「真実」のふりをしないと、生きのびることも繁栄することもできないのだ。[*17] そのためには、ある種のモノマネの才能が必要とされる。バカがひねり出す「幻の論理」が、あたかも熟考の末に引きだされた本物の論理に見えなくてはならないからだ。その論理を作りあげたのは自分自身であり、その自分は徳の高い人間であり、すべてに精通する知識人でもあると、まわりに信じこませるためだ。だが、一皮むけばその実体は、知識人気取りとスノビズム以外の何ものでもない。

バカの発言は、パラサイトとモノマネによって生まれる。人間の理性によって作りだされる論理の美徳と、それに対する人々の期待を悪用し、疑似合理性にしたがって作りだされている。[*18] ロベルト・ムージルが指摘するように、そのためには一種の知性が必要とされる。ムージルはこう述べる。

「バカとは、知性の欠如というより、なし遂げるべき務めに対する知性の放棄である」

「バカとは、考え方の方針に一貫性がなく、それをまとめる能力が欠如していることを言う」[*19]

バカは、言うべきことが何も思いつかない時でも、言うべきことがあるふりをすることができる。こうしたやり方が社会における標準となった時、その社会は〈ポスト真実〉となる。

バカはインターネットで拡散する

〈ポスト真実〉は、「直観」と「感情」によって形成される「知識」に基づいた信念を抱き、それにしたがって言動を行なう者たちによって支えられている。彼らも一種の「バカ」であり、自らのあり方に疑問を呈することができないほど無分別である一方、論理的で真摯で誠実なふりをすることには努力を惜しまない。ごく一般的には、〈ウンコな議論〉、フェイクニュース、陰謀論、〈オルタナティブファクト〉、そしてそれらの「シェア」などは、ムージルの時代の古き良きバカをさらに強化させた「現代版バカ」と言えるだろう。これらの「バカ」が〈ポスト真実〉社会によって包括されることは、誰が見てもわかるはずだ（当然、バカを除いて）。

では、バカの実例をいくつか挙げながら、それによってもたらされる影響について考えていきたい。前述したように、バカは「知性」を悪用している。それだけであれば、問題はそれほど深刻ではない。だが、バカは「倫理」さえふみにじっているのだ。哲学者のパスカル・アンジェルは、「バカは真実を尊重しないという点で罪をおかしている」と述べている。バカの「知性の欠如」は、「倫理的悪徳」として表れる。一見「知的」な〈ウンコな議論〉をする者は、知性、真実、論理を尊重しているように見えるが、実際は、周囲に好印象を与え、知識人のふりをし、社会で台頭するために、これらの美徳を利用しているにすぎない。単にあまり知的ではないという人は、真実を尊重し、自らを導いてくれそうな知識人に敬意を抱くことがある。だが〈ウンコな議論〉をする者、スノッブ、うぬぼれ屋、バカたちは、こういう人物を軽蔑し、搾取しようとする。もちろん真実のためではなく、自分自身のためだ。バカがもたらす弊害は数限りない。新しいことや興味深いことを言ってみたり、急進的で大胆な考え方を述べたり、偽善的な発言をしたり……一見すると美徳を実践しているように見えるが、実際は徳が高いふりをし、まわりから徳が高い人間だと思われることだけを目的としている。その結果、憤っていることをみんなに見せつけるためだけに何かに対して憤るふりをするという「憤りのデモンストレーション」を行なうこともある。現代社会を象徴するようなこうした現象は「倫理のスタンドプレイ」と呼ばれている。[*20]

誰かが何かを高らかに主張したり、どこかで大きな事件が起きたりすると、バカはすぐにそれに対する不満、非難、拒絶、憤りをあらわにする。そうしなくてはならない、そうするのが自分にとって有利だ、なるべく多くの人たちに自分の姿勢を知ってもらわなければならない、とばかりに張りきりだす。今こそ自分という人間をアピールするチャンスだ、と考えるからだ。そのせいで、バカの発言はますます過激化する。バカ仲間での競争が次第に激しくなる現状では、みんなが怒りを表明できる機会を探しており、常にチャンスを伺っている。そしてようやくその機会が到来すると、バカ同士で発言を競いあい、どんどん過激さがエスカレートしていくのだ。ネット上でも、なるべく多くのユーザーから「クリック」してもらうために、荒らし、陰謀論、デマ、炎上、拡散などを利用しながら、その日一日の「ベストバカ」の座を狙ってバカ同士が激しく競いあうのだ。

バカがもたらす弊害として、まず第一に、攻撃された相手が受ける被害が挙げられるだろう。ところが、世間一般にもたらされる別の弊害のほうが実はもっと深刻だ。実際のところ、〈ウンコな議論〉、フェイクニュース、〈オルタナティブファクト〉、そしてこれらすべてを包括する〈ポスト真実〉はいずれも、わたしたちに「誤った信念」をもたらすことはない。アナログ時代のかつてのデマやプロパガンダが、世間に「誤った信念」を植えつけていたのとは正反対だ。肝要なのは、むしろ現代の〈ポスト真実〉は、わたしたちと真実との関係性を破壊し、民主主義社会に必要とされる人々の信頼関係を損なっているということだ。わたしたちはもはや何も信じない。すべての人がひとつの真実を共有するのは無理だとしても、それに近い知識を得られるとさえ思っていない。単に誤ったことを信じさせるより、このほうがよっぽど罪深いだろう。誤った知識であれば、いずれは修正される可能性もあるからだ。

こうしたすべてこそが「壮大なるバカ」だ。そこに楽観できる要素は少しもない。ただし、〈ポスト真実〉の存在には「真実」が必要であることを忘れてはならない。たとえモノマネをするためだけだとしても、「真実」なくして〈ポスト真実〉の繁栄はありえないのだ。贋金は一定のレベルまでは人々に被害をもたらすが、その境界線を越えると、つまり市場にほぼ贋金しか流通しなくなると、誰に対しても何に対しても影響を及ぼさなくなる。そこでわたしたちは自問する。バカはいったいいつまで被害をもたらしつづけるのだろう？　バカを生産・増殖するために生まれたかのような「インターネット」というテクノロジーに後押しされ、これからもますます速く、遠くまでバカは拡散されるだろう。だがそうやって、どこまで繁栄しつづけるのだろうか？

数年後、この問題は次世代の人間たちのものとなる。では、わたしたちは彼らに対して、この問題に対処するための「批判的精神」を育てて、情報の正しい解読方法を身につけるよう勧めるべきだろうか？　いや、その頃にはおそらく問題の質が今とは違うものになっているだろう。それに、バカはもはや外面上その「批判的精神」そっくりに変異しており、自らが生みだした問題とは気づかないまま、これらの問題に対する解決法を堂々と提案さえしている始末だ。では、認識論《エピステモロジー》の権威である科学、メディア、司法によって、別の解決策を提示することは可能だろうか？　たとえば、情報の透明性を高めたり、もっとわかりやすい通信手段を構築したり、ファクトチェック（事実確認）を徹底したり、デマや情報操作を主導するバカを規制する法律を作ったりしてはどうだろう？　おそらく可能だろう。だが、きっと〈ポスト真実〉はこうしたすべてをあっさりと無きものにしてしまう。そして、わたしたちの信頼関係を損ない、疑念を広め、事実に対する無関心を生む、自らの「バカのシステム」にただちに取りこんでしまうのだ。

いや、バカに対処する方法はもうひとつある。それは、こちらも真似してバカになりきる、つまり、同じようにしてバカな発言やデマを作りだすことだ。そのためには、風刺と創作のセンスが必要になるだろう。というのも結局、〈ポスト真実〉は〈ポストフィクション〉をもたらすのだ。真実かどうかを気にしないということは、創作にも興味がないということなのだから。もしかしたら、わたしたちが多少なりともバカにならないために必要なのは、創作する喜びを再発見し、自らの知性について謙虚な姿勢をつらぬくことかもしれない。知性は、バカのためではなく、知性のために尽くすべきなのだ。

バカげた決定を回避するには？

クロ－ディ・ベール

人間科学ジャーナリスト。著書に『外国で働くということ』（2009年）、『ハンディキャップに耐える人たち』（2006年）などがある（いずれも未邦訳）。

自動車メーカーのルノーの人事部長で、のちに社会学者となったクリスチャン・モレルは、二〇〇二年、初の著書『愚かな決定を回避する方法』〔邦訳：講談社〕を刊行した。[*1] 本書では「バカげた決定」とされるいくつかの実例が挙げられているが、以下では、そのうちのふたつをピックアップしてみよう。

・二隻の石油タンカーが逆向きの針路（北西と南東）を、十分な間隔をあけてほぼ並行に進んでいた。ところが一隻が「左舷同士ですれ違うべし」という航行規則を守ろうとして急に針路を変更し、もう一隻の針路をふさいでしまった。急には止まれないタンカーは互いにそのまま突っこむしかなく、二隻は衝突してしまった。

・着陸態勢に入った飛行機。ところがランディグギアが故障しているようで、車輪が降りたことを示すランプが点灯しない。機長は上空で機体を旋回させながら、乗務員たちと緊急着陸準備の相談をした。その間、乗務員たちは燃料の残量が少ないことを指摘したが、なぜか機長は取り合わない。そのうちに燃料が切れて飛行機は墜落してしまった。その後、車輪は正常に降りていたことが判明した。

ヒエラルキーがもたらすバカげた決定

こうした「バカげた決定」を回避する方法として、モレルは著書で〈メタルール〉について言及している。〈メタルール〉とは、不測の事態に備えてあらかじめ定めておくルールのことだ。それがあれば、万一の場合に適切に対処できる可能性が高くなる。現在、人命に関わる職業の多くでこの〈メタルール〉の制定が義務づけられつつある。

〈メタルール〉の特徴のひとつは、「反直観的」であることだ。

想像してみよう。あなたは副操縦士として飛行機に乗務している。隣の操縦席には機長がいる。機長はキャプテン、機上で一番偉い人物だ。さあ、そこで質問だ。

「もし今、緊急事態になったら、あなたはどうする？」

「そりゃもちろん、機長の命令にしたがうよ！」

おそらく、あなたは即座にそう答えるだろう。だが、それではいけない。ヒエラルキーを尊重しすぎるのは大きなリスク要因のひとつなのだ。たとえば、かつての大韓航空がそうだった。一九九〇年代、大韓航空は立て続けに死亡事故を起こしていた。綿密な事故調査によって浮かび上がった最大の要因は、なんと「コックピット内での行きすぎた上下関係」だったという。次のような見解が多く報告されていたのだ。

「パイロットは部下たちを見下し、重圧を与えていた」

「副操縦士も整備士も、パイロットの間違いを正す勇気がなかった」

二〇〇〇年代に入って新たに就任した社長は、過去の事故の教訓を生かした改革方針を掲げた。会社のこれまでのやり方、そして年長者を敬わなくてはならないという儒教文化に対する真逆のやり方を従業員に義務づけたのだ。つまり、〈メタルール〉の制定だ。

・上下関係よりコミュニケーションを重視する
・昇進は実力制とし、年功序列制をやめる
・すべての従業員がヒューマンスキルの研修を受ける
・ミスをしても罰しない

効果は明らかだった。現在では、大韓航空は世界でもっとも安全な航空会社のひとつに数えられるようになった。最後の「ミスをしても罰しない」という方針も、一般的な考え方に反していると言えるだろう。どこかで事故が起こると、必ず「誰のせいだ!?」と叫ぶ人がいるからだ。

アメリカ国内の航空輸送を管理するアメリカ連邦航空局は、航空会社の乗務員に対して、どんな小さなミスでも見つけたらすぐに報告するよう求めている。しかも、匿名で構わないという。医療機関におけるミスについても、同様のやり方を採用しているところが多い。そのほうがミスが発覚しやすくなり、回避するための対策もとりやすくなるのだ。

満場一致を信用するな

もうひとつ、複数の人間が話し合って何かを決定することに関して、常識を覆すような事実が確認されている。

「満場一致で決まったことなら、そうするのが一番よい」

多くの人がそう思うだろう。だが、実はそうとは言いきれないのだ。とくに人命に関わる職業では、〈偽の合意《フォールス・コンセンサス》〉に注意する必要がある。〈偽の合意〉とは、グループの合意が世間一般の考え方と同じだと思いこむことだ。そのせいで、上司に反するのを恐れたり、自分は少数派だと思いこんだりして、自分の考えを飲みこんでしまう人が少なくない。

だからこそ、本当に全員がその決定に合意していたかどうかを確かめるルール、つまり〈メタルール〉をあらかじめ作っておくことが必要だ。

- グループのメンバー一人ひとりと面談をして本音を聞く
- 少数派の意見を擁護する役割を演じる人を、定期的に介入させるこうした〈メタルール〉は、あらゆる人間関係で必要とされる。ある研究でも、グループ内でのコミュニケーションは、物事の決定を左右する大きな要因になることが、理論的にも実験でも証明されている。そう考えると、パイロット、外科医、山岳ガイドなどの人命に関わる職業の人材育成において、技術的な教育のほかにヒューマンスキルの研修が行なわれるのは、当然のことと言えるだろう。モレルも著書で言及しているように、近年行なわれたある研究によると、アメリカの退役軍人保健局管轄下にある七四の医療センターでヒューマンスキルの研修を行なったところ、続く数年間で外科手術による死亡率が一八パーセントも減少したという。なお、研修を行なわなかった三四の医療センターでは七パーセントの減少にとどまっている。

もしかすると、人命に関わる仕事をしていない読者は、ここまで読んで「自分には関係のない話だ」と思っているのではないだろうか。そんな読者のために、モレルの著書から抜粋した日常的な実例を挙げておこう。

テキサス州に暮らすある年配の夫婦のところに、息子夫婦が遊びにきた。日陰でも四〇度を超える暑い日だ。みんなでテラスに座って冷たい飲み物を飲んでいたところ、父親がおもむろにこう言った。

「アビリーンに食事にでも行くか?」

アビリーンとは隣町の名前だ。ただし、広大なテキサス州では「隣町」と言っても往復一七〇キロメートルの距離がある。みんなが父親の意見に合意し、四人で出かけることになった。そして四時間後……四人はくたくたになって自宅に戻ってくると、再びテラスに座りこんだ。猛暑にぐったりし、まずい料理に辟易して、心身ともに疲れはてていた。そしてその時、四人のうち誰ひとりとして、アビリーンに行きたかった者などいなかったことが判明した。みんながみんな心の中で、ほかの三人は行きたがっていると思いこんでいたのだ。こうしたケースでも、〈偽の合意〉の真偽を確かめるための〈メタルール〉は役に立つだろう。

なぜバカみたいに食べすぎてしまうのか？

ダン・アリエリー

行動経済学者、MIT（マサチューセッツ工科大学）スローン経営大学院教授。著書に『ずる　嘘とごまかしの行動経済学』櫻井祐子訳（早川書房、2014年）、『予想どおりに不合理　行動経済学が明かす「あなたがそれを選ぶわけ」』熊谷淳子訳（早川書房、2013年）などがある。

行動経済学とはどういうものなのでしょうか？

アリエリー　あなたの質問に答える前に、まず、一般的な経済学について説明しましょう。それと比較することで行動経済学についても理解できるはずです。一般的な経済学は、ごくシンプルな問いかけをベースに確立されています。たとえばこういうものです。

「人間は、決断したことを最大限に実現するために、どのようにして消費や投資を行なうか」

そう考えることで、消費者側と生産者側のいずれにおいても、もっとも合理的な経済行動のモデルを見いだせます。そしてその理論にしたがって、経済的な方針を決めることができます。つまり、何に対してどれくらいの予算を割り当てればよいか、見積もることが可能になるのです。

ところが、行動経済学は違います。こちらは、リアルなシーンにおいて、人間が実際にどのように行動するかを研究する学問です。人間が合理的に行動した場合の理論を考えるのではなく、現実の生活でどうふるまうかを分析します。そのため、行動経済学では、「経済行動に関して何らかの決断を迫られた場合、人間は複数の選択肢から何を選ぶか」に焦点を絞って研究が行なわれます。

たとえば、こういう問いかけについて考えてみましょう。

「どうして世の中には肥満の人が存在するのか？」

一般的な経済学なら、きっと次のように結論するでしょう。

「消費者は、自らの経験と知識にしたがって合理的にふるまう。つまり、その行動による恩恵と代償を計算した上で、自らが望んだものを食べている。それによって食べすぎて肥満になったとしても、それは本人が選んだことだ」

一方、行動経済学によると、肥満には別の原因があるとされます。

「体重を落としたい、やせたいと願っている人は多いが、おいしそうなものが目の前にあると我慢できなくなる。やせると決意しても途中で挫折する人は多い。誘惑のせいで欲望を自制できなくなるからだ。つまり、ダイエットをするなど自らに課した約束を守れなくなったせいで、人間は肥満になる」

一般的な経済学と行動経済学の違いはだいたいこういう感じです。

行動経済学において、人々の行動に大きな影響を及ぼすものは何でしょう？

アリエリー　消費行動にもっとも大きな影響を及ぼすのは感情です。わたしたちはほとんどの場合、理性ではなく感情にしたがって行動しています。たとえば今、目の前にいきなり凶暴なトラが現れたとします。するとあなたは、「こういうケースではどういう行動をとるのがよいだろうか」などと理性的に考えたりせず、感情にしたがってとっさに逃げだすでしょう。日常生活のほとんどのケースでも、わたしたちは同様な行動をとっているはずです。

恐れという感情は、わたしたちを正しい行動へ導いてくれます。目の前の危険から逃げるよう仕向けてくれるからです。その一方で、感情のせいで目の前の刺激に屈してしまうこともあります。世の中に流通する商品のほとんどは、わたしたちに感情的なリアクションを引き起こすようにできています。たとえば、アメリカ生まれの「ダンキンドーナツ」は、甘いものやクリームが好きなスイーツファンの欲望をかきたてる商品を作っています。ショップのショーケースには色とりどりのドーナツが並べられ、消費者たちの欲望をそそるようにプレゼンテーションされています。あなたはスーパーへ買い物に行った時、最初に買おうと思っていた以外のものをたくさん買ってしまうことはないですか？　手の届くところに魅力的な商品が並べられていると、わたしたちは激しく欲望を刺激されてしまうのです。

もちろんわたしたちは、こうした欲望に対抗するための「自制心」を備えています。でも、その自制心にも限界があります。行動経済学では、人間の自制心に関する心理的メカニズムも研究しています。

たとえば、チョコレートに目がない人にこう尋ねてみましょう。

「おいしい粒チョコレートを、たった今半ダースあげるのと、来週一ダースあげるの、どっちがいい？」

それが無料でもらえるプレゼントだとしたら、来週もらうほうが当然得をするはずです。ところが多くのチョコレート好きは、長く待たされて大きな恩恵を得るより、恩恵は小さくてもすぐに欲望が満たされるほうを選ぶのです。

実は、わたしたちは毎日のようにこの種のジレンマに陥っています。たとえば、試験勉強をするか、映画を観に行くかで葛藤している学生がいるとしましょう。家にいて勉強をする選択肢と、観たかった映画を観に行くという選択肢とは、不均衡な関係にあります。試験勉強を選んだ場合、代償はすぐにもたらされますが（勉強をすること）、恩恵がもたらされるのは先のことで（試験でよい成績をとること）、しかも本当にもたらされるかどうかはわかりません。逆に映画を選んだ場合、恩恵はすぐにもたらされますが（観たかった映画を観られること）、代償は未来へ持ちこされます。

だからこそ、わたしたちは、すぐに恩恵を得られる選択肢を選びがちなのです。長い目で見ると、本当に望んでいることはもうひとつの選択肢にある場合が多いのですが。とりわけ、今やるべきことをいつも先送りにする癖がある人は、この種の問題を常に抱えているはずです。

自分の感情をコントロールして、消費を抑えるにはどうすればよいでしょうか？

アリエリー こうすれば誰でも確実に消費を抑制できる、という有効な解決策はありません。でも、よりよい選択ができるようになるために、各人が自分なりの工夫をこらすことはできるはずです。かつて、わたしは生死に関わる大病を患ったことがあります。治療はとても苦しくつらいものでした。注射剤を打ったびに、耐えがたい吐き気が何時間も続くのです。同じ病を患った多くの患者が、注射の回数を減らしたり、大きなリスクがあるにもかかわらず治療自体を断念したりしていました。そこでわたしは、この試練を乗りきるためのよい方法を思いつきました。注射の苦しみに耐えた後は、ビデオで好きな映画を観るというごほうびを自分に与えることにしたのです。すると不思議なことに、吐き気が前ほどはつらくなくなりました。しかも注射のことを考えると、それによってもたらされる苦しみより、ごほうびのほうを思いだすようになったのです。作戦は大成功。担当医は、わたしが治療をやり遂げたことに驚いていました。最後まで治療を続けられたのは、担当医がこれまで受け持った患者の中でわたしひとりだけだったのです。

これは、自分自身をだまし、自らの弱さをごまかすのに便利な方法です。消費行動を抑制したい時にも、この手のやり方が有効でしょう。そして時には生産者側が、消費者の消費行動を抑えるためにこうした方法を利用することもあります。かつてアメリカでは、電力会社が各家庭に小さな球状の機械を配布したことで、消費電力が大幅に減少しました。一度に多くの電化製品が使用されたり、消費電力が一定レベルを超えたりすると、その球体が赤く光って知らせてくれるのです。

政府も似たようなやり方で、消費者や生産者の行動を促進・抑制したり、ある商品をほかの商品より多く（少なく）生産・消費させたりすることがあります。たとえば、環境を汚染する商品の生産と消費にペナルティを科したり、倫理的《エシカル》な商品を推奨したり、貯蓄を促進したり、借金を抑制したりします。個人がどういう選択をするかを、公的に促進したり抑制したりしているのです。そのためにはどういう手段を使うのが効果的か、消費者の行動を観察することで見いだそうとするのが、行動経済学という学問なのです。

インタビュアー：ジャン＝フランソワ・ドルティエ
（『シアンス・ユメンヌ』誌編集・発行人）

Column

豊かさのパラドックス

ジャン=フランソワ・ドルティエ

あるマーケティング調査の話。商店の陳列棚にジャムを六種類並べて、閉店後に売れた個数を数えた。翌日、同じ棚に今度はジャムを二四種類並べて、再び閉店後に売れた個数を数えた。すると、二四種類の時より、六種類の時のほうが多く売れていたことが判明したのだ。ここで教訓。「選択肢が多すぎると消費行動が抑制される」。

この調査を行なったのは、コロンビア大学経済学部のシーナ・アイエンガー教授だ。『選択の科学』〈邦訳：文藝春秋〉という書籍の著者でもある。本書は、現代の消費社会における「豊かさのパラドックス」をテーマにしている。わたしたちは、多すぎる選択肢を前にすると不安を感じる傾向にあるのだ。選択肢が多すぎると、消費者の脳は麻痺状態に陥る。これは誰もが身に覚えのある感覚だろう。かつて、テレビチャンネルが三つくらいしかなかった時代は、視聴者はすぐに観るべき番組を決められた。ところが今では、リモコンを片手に一五分ごとにチャンネルを変えるはめになる。チャンネル数が多すぎるせいで、どれを観るべきか決めきれず、結局は「観たい番組が見つからなかった」という不満だけが残るのだ。

過剰な選択肢は選択を不可能にする

情報過多は情報を見失わせる。これは昔からよく言われていることだ。ネットユーザーなら誰でも経験があると思うが、シンプルで見つけやすいはずの情報がデータベースが膨大だと探しにくくなる。ひとつのことを掘り下げると関連情報が次々と見つかり、知っていたはずのことがどんどんわからなくなっていく。山のように積み上げられたデータが突然雪崩を起こし、その下に埋もれてしまう。これこそが、豊かな社会のパラドックスだ。

かつては食料が不足して、多くの人が飢えに苦しんでいた。今では、種類が豊富な大量の食品を前にして、誰もが欲望を抑制しなくてはならない。情報についても同じだ。クリックするだけで何百万というサイトを閲覧でき、リモコンのボタンを押すだけで何百というチャンネルを観ることができ、書店や図書館へ行けば何万冊もの本が並んでいる。

マーケティングにおいても、豊かさは消費者の決断を妨げる。アメリカの心理学者のバリー・シュワルツは、著書『なぜ選ぶたびに後悔するのか』（邦訳：武田ランダムハウスジャパン）で、選択肢が多すぎるせいで心がストレスを受ける現象について書いている。食生活、情報収集、趣味……すべてが豊かな現代社会で、わたしたちがすべきことは、選択肢を増やすことではなく減らすことなのだ。

動物に対してバカなことをする人間

ローラン・ベーグ

フランス大学研究院シニア会員、アルプ人間科学会館館長。著書に『人間の攻撃』(2015年)、『社会心理学論』(2013年)、『善悪の心理学』(2011年)がある(いずれも未邦訳)。

「わたしたちは、牛を愛しく思いながら食べている」

アラン・スーション『支離滅裂』

一七八三年九月一九日一三時、ヴェルサイユ宮殿の前庭で祝砲が鳴った。ルイ一六世と王妃マリー・アントワネットが見守る中、一羽のアヒル、一羽のニワトリ、一匹のヒツジがうやうやしく熱気球に搭乗する。全身が羽や毛に覆われた三匹の動物が、世界の航空史に名を連ねた瞬間だ。動物たちが柳のカゴに乗りこむと、モンゴルフィエ兄弟が発明した気球は地上高く浮かび上がった。気球は六〇〇メートル近い高度を保って数キロメートル移動することに成功し、詰めかけた多くの観衆たちを驚かせた。途中で生地が破れるというアクシデントに見舞われ、惜しくも予定より早く飛行を終えることになったが、ヴォークレッソンの森の中に無事に着陸し、動物たちも無傷だった。その後、動物たちは王太子によって表彰され、光栄にも小屋の扉を開けてもらったという。こうして動物たちが無理やり気球に乗せられ、リスクがないことを確かめられてから数週間後、ようやく気球は人間を乗せて空を飛んだのだ。

それ以来、さまざまな水生動物や陸生動物たち（ウズラ、クラゲ、ネコ、イヌ、サル、サンショウウオ……）が成層圏へと飛ばされている。ただし、三匹のパイオニアのような幸運に恵まれず、無事に帰還できなかったものも多い。さらに二一世紀に入ると、動物たちは科学実験に使われたり、工業製品の材料にされたり、食品として加工されたりするようになった。人類は数えきれないほどの動物を大量殺戮している。世界中で、年間一億の動物が科学実験に使用され、[*1]七〇〇億の哺乳類と鳥類が食料として処理され、何兆もの魚類が捕獲されている。こうした生産中心主義を可能にするには、科学技術や畜産のノウハウを確立する一方で、わたしたちの心理メカニズムも整える必要があった。こうした搾取によってもたらされる惨状を見て見ないふりをしたり、正当化したりするのだ。

もし人類によって他の種にもたらされる損害が、人類の存続にとっては悪影響を及ぼさないとしたら、その行為は「冷淡」で「残酷」だとしても、本書のタイトルにあるような「バカ」とまでは呼べなかっただろう。ところが残念なことに、他の動物たちを搾取する行為は、人類の生存にも大きなリスクをもたらす。熱気球の生地が破れていきなり墜落するように、人類が進むべき道が突然閉ざされてしまう危険性があるのだ。これまでに、環境破壊、劣悪な環境における動物飼育（ファーマゲドン）、漁業の集約化（アクアカリプス）などを告発する書籍が、さまざまな著者によっていくつも刊行されている。ところが、多くの人たちはこうした警告に耳を貸そうとしない。人類は、自分たちを特別な種と思いこみ、他の動物たちと異常な関係性を築きながら繁栄するという、とんでもなくバカげたことを行なっているのだ。

「毎週日曜、国民全員の食卓に鶏鍋が上るべし」と述べたのは、一六世紀末のフランス国王、アンリ四世だった。「農耕と牧畜はフランスを養うふたつの乳房である」と発言したのは、アンリ四世の宰相、シュリーだ。ふたりの発言にならって、この記事では「バカな人類を養う三つの乳房」を紹介しよう。その三つとは、「非一貫性」、「無知」、「合理化」だ。

ひとつ目の乳房：論理的な非一貫性

動物の権利に関する一連の著作で知られるトマ・ルペルティエは、著書『肉食動物の知的詐欺』[*2]〔未邦訳〕で、人類の「非一貫性」に対する困惑を皮肉な口調でこう述べている。

「もしあなたが、面白半分でネコを粉砕機にかけたり、麻酔をかけずにイヌを去勢したり、日光が入らない小さな部屋にウマを生涯閉じこめたりしたら、動物虐待容疑で起訴されるはずだ。裁判で有罪判決が出れば、懲役二年の刑に処される。それなのになぜ、オスのヒヨコを粉砕機にかけて殺処分したり、ニワトリを小さなケージに閉じこめたり、何百万というウサギ、仔ヒツジ、ブタたちを意識のある状態で首を切って殺したりするのは許されるのだろうか？（中略）こうした非一貫性は法律にさえ見られる。フランスの民法には『動物は感覚能力を持った生き物である』と明言される一方で、『保護法下に置かれたものを除き、動物は動産として規定される』とも記されている（フランス民法典515−15）」

ウサギを例にとって考えてみよう。現在、ウサギはフランスでもっとも多く飼われているペットのひとつだ。だがその一方で、もっとも多く食されている哺乳類のひとつでもある。もしわたしたちが、ウサギにエサを与え、世話をし、一定の飼育環境を保障するという義務を怠った場合、刑罰に処される可能性がある。その理由はこうだ。「公衆の面前であるか否かにかかわらず、家畜、ペット、捕獲した動物に対して、暴力的あるいは性的な虐待を行なったり、残酷な行為を施したりすると、二年間の懲役刑、あるいは、三万ユーロの罰金刑に処される」（フランス刑法典521-1）

そう述べながらも、ウサギをバタリーケージ内の劣悪な条件下で飼育することは、法的に認められているのだ。

こうした非一貫性の裏側には、別の秩序における合理性が隠れている。事実上、動物の価値は、道具として利用されるか、愛情の対象とされるか、人間がどのように扱うのが正当とされるか、によって変動するのだ。動物愛護者においてもそれは変わらない。ある獣医師によると、動物実験反対活動家たちは、サルやイヌを使った実験に対しては激しく抗議を行なう一方で、マウスやラットに対してはほとんど何もしないという。また、動物愛護者の三分の二が、もっとも優先順位が高い活動は「毛皮の使用廃止運動」だと述べる一方で、革ジャケットや革靴の着用には異議を唱えない。人間の利害に応じて動物の価値が決まる現状は、あらゆる動物のうちで人間が一番偉いと思いこむ人間中心主義に起因している。

ふたつ目の乳房：無知

自分たちの都合のよいように動物を利用する人間にとって、最大の慰めと甘えが「無知」だ。祖父の代からサーカス団を経営するアンドレ＝ジョゼフ・ブーグリオンヌは、つい先ごろ、サーカスで動物を使うのを中止すると宣言した。

「ゾウは立ち止まっている時にわずかに体を揺らす。ぼくはそれをずっと、ゾウがリラックスしているからだと思いこんでいた。（中略）ところがそれは間違いで、体を揺らすのは閉じこめられていることに対するストレスが原因だとわかったんだ」[*3]

動物も人間と同じように、認識したり、知覚したり、感じたりする。それを知らなかったからこそ、わたしたちは何世紀にもわたって動物を拘束してきた。一七世紀の哲学者、デカルトは、おそらく自らの科学研究のための生体解剖を正当化するためだろう、『方法序説』で「動物は（精神がない）機械である」と述べている。デカルトに影響を受けた哲学者のマルブランシュもまた、自分のほうに近づいてきたイヌを蹴り飛ばして、「あいつは鳴いているが、何も感じていないのだ」と言ったそうだ……いや、ここで大昔の哲学者をバカにしていてもしかたがない。こうしたバカげた行為は過去のものになったとは言いきれないからだ。

二〇一七年六月、『ワシントン・ポスト』紙が、アメリカ人を対象にネット上で行なったあるアンケート調査の結果を発表した。それによると、回答者の七パーセント（およそ一六〇〇万人）が「ココアミルクは茶色いウシのミルクだ」と述べたという。さらにひどいことに、アメリカ農務省の調査によると、成人の五人にひとりが、ハンバーガーに使われている肉が何の動物の肉かを知らなかったという。一方、カリフォルニア大学デービス校のふたりの研究者、アレクサンダー・ヘスとケリー・トレクスラーが、一一歳と一二歳の児童を対象に調査を行なったところ、四〇パーセントの児童がハンバーガーの肉が牛肉であることを知らず、三〇パーセントがチーズは動物の乳から作られていることを知らなかった。だが、食品に関する無知はフランスの子どもたちも大差ない。八歳から一二歳の児童を対象に行なったある調査によると、四〇パーセントがハムがどうやって作られるかを知らず、三分の二がステーキが何の肉かわからなかった。また、多くの子どもが魚には骨がないと思っていたというから驚きだ。こんな調子では、乳牛の乳腺からミルクが出るのは仔ウシにおっぱいをあげるためで、出産をしなければミルクは出ないと知っている児童は、いったいどのくらいいるのだろうか？

人間は何世紀にもわたって、動物には知覚能力がないと思いこみ、それを理由に動物を支配しつづけてきた。その後、動物行動学や神経科学が発展しても、人間はこれまでの意識をなかなか変えられずにいる。現在、専門家たちは動物の能力についてこう考えている。

「ヒトではない動物は、意識状態において、神経解剖学的、神経化学的、神経生理学的な実体を持ち、意図を持って行動する能力を備えている」（二〇一二年、ケンブリッジ宣言）

これまで、「動物はバカではない」ということを証明する書籍は数多く出版されている。[*4、5] だが、単に情報を広めるだけでは、人間のひね曲がった理性を正すことはできないのだ。飼育動物を使って商品を生産する者たちは、ニッコリ笑うウシや、食卓に載るのを楽しみにしているかのようなニワトリなどをイメージキャラクターにして、ほのぼのとした田舎風のイメージを今もアピールしつづけている。哲学者のフロランス・ビュルガはこう述べる。[*6]

「食肉からリアルな動物のイメージを消し、血生臭さを隠すことで、畜産業・と畜業の現実を巧妙にカムフラージュする行為は、この業界における一種の暗黙の了解となっている」

哲学者のマルタン・ジベールは、二〇一三年、『週刊ブルターニュの農民』誌が畜産業従事者に対して次のような通達をしたと指摘している。[*7]

「商品から動物の影を消さなければならない。動物との感情的な結びつきをなくして、完成した商品だけを前面に押しだすのだ」

また、ウェズリアン大学のスコット・プラウス教授は、食肉業界誌の次のような記事を引用している。

「買ってきたばかりのラムチョップが、春先に野原を跳ね回っているあの小さくてかわいい生き物を解剖した一部だと、消費者に気づかせてはならない。そんなことをしたら、ほぼ間違いなくみなベジタリアンになってしまうだろう」

もうひとつ、別のタイプの「無知」についても言及しておこう。消費者の多くは、自分がどのくらい肉を摂取しているかを(自分が肉を摂取しているかどうかさえ)把握していない。あるアンケート調査によると、自称ベジタリアンの六〇パーセントから九〇パーセントが、調査日に先立つ数日間のうちに、何らかの肉を摂取していたという。菜食主義に関する複数の調査でも、自称ベジタリアンの三分の二以上が鶏肉を、八〇パーセントが魚を、それぞれ時々食べていることが判明している。また同様の調査で、動物が苦しむようすを撮った映像を後で上映すると伝えると、多くの人が無意識のうちに肉摂取量を実際より少なく申告したという。消費者の中には、動物の苦しみを軽減するために、レッドミート(牛肉、豚肉、羊肉)を食べるのをやめて、代わりに鶏肉を多く食べるようにしたと言う者がいる。だが実際は、それによって消費される動物の数は逆に増えてしまう。たとえば、ウシ一頭分と同じ量の肉を得るには、ニワトリ二二一羽が必要になる。つまり、より多くの動物が苦しむはめになるのだ。

代替肉を食べる人たちも、やはり「無知」による過ちをおかしている。一般的に、「肉未使用」をうたうソーセージの味は、動物性の肉を使ったふつうのソーセージに比べても遜色ないとされている。ところがある実験で、世間的に発言力があるとされる人物たちに、植物由来の材料のみを使った代替ソーセージを食べてもらったところ、「これは代替ソーセージです」と正直に伝えた時より、「これは肉が入ったふつうのソーセージです」と嘘を言った時のほうが、よりおいしく感じたという。別の実験でも、エナジーバーを食べてもらった被験者に「これには大豆が入っています」と伝えると、伝えなかった時より「おいしくない」と感じる人が多かったという結果が出ている。

三つ目の乳房：合理化

ふつうの「無知」ではなく、「合理的な無知」に陥る人たちも少なくない。不都合な真実にあえて目をつむるのだ。考えてみてほしい。消費者が、消費される動物の性質と、自らの消費行動との間の「非一貫性」に気づいたとする。その時、消費者が不快な思いを味わわずに済むもっともよい方法は、消費される動物の性質のほうを修正してしまうことだ。社会心理学で提唱される〈認知的不協和の仮説〉でも、「ふたつの要素の間に不協和が存在する場合、一方の要素を変えることで不協和を低減あるいは除去できる」とされている。たとえば、ある調査によると、動物の知的能力に対する判断は、その動物が食用であるかどうかと相関関係にあるという。つまり、ウシやブタは、ネコ、ライオン、レイヨウといった動物に比べて、知的能力が低いとみなされるのだ。

ある調査で「ヒツジの知的能力はどのくらいか」と、被験者に尋ねた。すると、「ヒツジは自らの意思で行きたい草原を選ぶ」という情報を与えた後でこの質問をした時に比べて、「この後の食事会で羊肉を食べる」と言った後のほうが、知的能力は低く見積もられた。別の調査では、ニューギニア島に生息する哺乳類、ベネットキノボリカンガルーの生態について、ふたつの被験者グループに説明した。その際、一方のグループには「この動物の肉はニューギニア島で食用とされる」と伝え、もう一方のグループにはその情報を教えなかった。その後全員に、「このカンガルーの感覚能力はどの程度で、ケガをしたらどのくらい苦しむと思うか」、「ケガの手当をしたほうがよいと思うか」と質問した。すると、食用にされるという情報を知ったグループは感覚能力を低く見積もったのだ。知的能力が高い動物を食べることに抵抗を感じている証拠だろう。人間は、わたしたちが想像する以上に味覚で思考しているのだ。

古今東西の知識人もみな、さまざまな論理にしたがって肉食を正当化している。

- 目的論：「植物は動物のために存在し、動物は人間のために存在する」[*8]（アリストテレス）
- 感情移入の断絶：「動物にとっても死は苦しい。だが人間は家畜の死を軽視する」（アウグスティヌス）
- 動物もその死に同意しているとする説：「動物は、人間に世話をしてもらっているお礼に肉を提供してくれている」
- 動物の苦しみの否定：「動物は、気を失ってから喉をかき切るより、意識のある状態で喉をかき切るほうが苦しみが少ない」
- 高貴な目的のためという口実：「人類の生存のためだ」、「がんに苦しむ子どもたちを救うためだ（動物実験の場合）」、「人類は菜食動物になったら生きのびられない」

・問題のすり替え：「野菜だって苦しんでるのに」
・菜食主義の否定・偏見：「人づき合いが悪い」、「菜食主義はナチだ」など。

人間はこれまで動物に対してさまざまな仕打ちをしてきた。

「だからこそ、人間は動物の存在を認めてやっているのだ」と、バカな人間なら言うだろう。いや、嘆き悲しむことはない。わたしたちと同じ人間で、決してバカではなく、哲学者であり、快楽主義者、無神論者、無政府主義者であるミシェル・オンフレはこう述べている。

「思考する者はベジタリアンになる」

この発言は科学的にも証明されている。イギリスの医学専門誌『ブリティッシュ・メディカル・ジャーナル』によると、一〇歳の時にＩＱが平均以上だった子どもは、成人してからベジタリアンになる確率が高いという。社会階級、教育レベル、所得の高さにかかわらず、同様の結果が出たのだそうだ。ベジタリアンは、野菜しか食べないからといって、脳みそが大豆でできているわけではないのだ。心の知能（ＥＩ）についても同様で、複数の研究結果によると、ベジタリアンはそれ以外の人たちより感情を知覚したりコントロールしたりする能力が高いとされている。わたしたちの先祖の脳の発展に対して、もし肉食があまり貢献していなかったとするなら、今後も同様である可能性は高いだろう。

宇宙に浮かぶ小さな惑星であるこの地球において、人類と他の動物たちとの関係性に何らかの問題があることは明らかだ。人類と動物との多くの共通点、肉食による健康上のリスク、環境への大きな打撃などを考えると、わたしたちは今よりもう少し賢くなるべきではないだろうか。

Column

肉食の是非を考え直す

ローラン・ベーグ

フランスでは、食用ウサギの九九パーセント、ブタの九五パーセント、食用ニワトリの八二パーセント、採卵用ニワトリの七〇パーセントが大量飼育されている。多くの場合、その飼育環境やと畜条件は容認しがたいものだ。動物愛護協会のひとつ、と畜場での家畜保護団体（OABA）によると、半数以上の家畜が意識のある状態で殺されているという。粉砕機によるヒヨコ殺処分、ガチョウの強制肥育、仔ブタやウシの麻酔なしでの去勢などをはじめとして、こうした集約畜産における問題点は数限りない。消費者の健康に関しても、心血管疾患や肥満と肉食との相関関係、肉食における発がん性の疑い（および、加工肉の発がん性）は、いずれも世界保健機関（WHO）で証明されている。『米国科学アカデミー紀要』（PNAS）に掲載された、オックスフォード大学のある研究者の論文によると、もし人類が菜食をベースにした食生活を営むようになれば、死亡率が今より六パーセントから一〇パーセント低下するという。

肉食の非合理性を証明する事実はほかにもある。食肉生産のために資源の大量浪費が行なわれているのだ。たとえば、一キロの牛肉を生産するのに、二五キロの植物が必要とされる（鶏肉の場合は四・四キロ、豚肉の場合は九・四キロ）。国連食糧農業機関（FAO）によると、一キロカロリー分の食肉を生産するのに、四キロカロリーから一一キロカロリー分の植物が必要とされるという。食肉生産のための、農業資源の非サスティナブルな使い方は、まさに「非合理的な生産方式を採用するタンパク質工場」だ。この問題は、近年、科学誌『米国科学アカデミー紀要』に掲載されたある論文でも取り上げられた。それによると、牛肉、豚肉、乳製品、家禽、卵を生産するための飼料の代わりに、同じ農地を使って人間の食用のための野菜を栽培すれば、タンパク質の生産量が農地一ヘクタールあたり二倍から二〇倍に増えると見積もられている。アメリカ国内に限っても、これを実践することでさらに三億五〇〇〇万人の食糧をまかなえるようになるという。

その上、畜産は環境に大きな負荷をかける。森林破壊の主な原因のひとつが畜産で、人間のあらゆる活動のうちでもっとも多くの温室効果ガスを排出している（全排出量において畜産が占める割合は一四・五パーセント。なお、交通・運輸は一三パーセント。FAO調べ）。サスティナブルな消費を提唱する弁護士、デイヴィッド・ロビンソン・サイモンは、著書『ミートノミクス』（未邦訳）にこう書いている。

「動物性タンパク質を生産するには、植物性タンパク質に比べて、一〇〇倍の水、一一倍の化石エネルギー、五倍の土壌が必要とされる」

ファブリス・ニコリーノ著『ビドシュ　食肉産業が地球を脅かす』（未邦訳）にも同様のデータが掲載されている。家畜の大量飼育は、感染症の伝染と蔓延の要因にもなりうる。一部の国々では、汚染された飼料で育った動物の肉を消費することで、人間の健康が危険にさらされている。密閉された環境で大量飼育される家畜には、感染症を防ぐために飼料に抗生物質が添加されている。そのせいで薬剤耐性菌が生まれ、その肉を摂取する人間にも抗生物質が効かなくなってしまうのだ。

子どもとバカ

アリソン・ゴプニック

カリフォルニア大学バークレー校心理学・哲学教授。著書に『思いどおりになんて育たない　反ペアレンティングの科学』渡会圭子訳（森北出版、2019年）、『哲学する赤ちゃん』青木玲訳（亜紀書房、2010年）などがある。

心理学者も含め、大人たちが子どもについて述べてきたことで、もっともバカげていると思うのは何ですか？

ゴプニック　言いにくいことですが、大人たち、とりわけ心理学者がこれまで子どもについて述べてきたことは、間違いだらけです。なぜそんなことを言うのか、わたしにはわからないことばかりです。「非論理的だ」、「他人の身になって考えられない」、「非現実的だ」、「今目の前にあることしか考えられない」……。あのフロイトや、発達心理学のパイオニアであるジャン・ピアジェでさえ、子どもは「道徳心がない」、「自己中心的だ」と言っています。哲学者のジョン・ロックは、子どものことを「タブラ・ラサ（白紙）」だと述べました。心理学者で哲学者のウィリアム・ジェームズは、幼い子どもを「ワイワイ、ガヤガヤとした、すさまじい混乱状態」と評しています。

今でも多くの心理学者が、「子どもは現実と夢の区別がつかない」などと平気で言っています。でも、子どもの頭の中で何が起きているか、いったいどうしてわかるのでしょう？　証拠もないのに子どものことを悪く言うなんてどうかしています。むしろ、科学の一分野である心理学の専門家なら、こういうふうに言うべきではないでしょうか。

「子どもが自己中心的か、非現実的か、はっきりしたことはわからない。それについては今後解明しなくてはならない」

ところが一般的には、子どもは人間として欠陥があり、大人より未熟で、基本的な能力が欠如していると考えられています。つい最近も、ある若い神経科学者が、脳に損傷を負った人や動物と子どもとの類似点を挙げていました。でも少し考えれば、そんなのは無意味な比較だとわかるはずです。有効な論拠は何もない。三五歳のヨーロッパ人の男が、自分こそが知識人の頂点にいると思いこんでいるだけのことでしょう。

――まるで心理学者たちは、自分もかつては子どもだったことを忘れてしまったようですね。

ゴプニック　まさにそのとおり。だからこそ、みんなバカなことばかり言うのです。確かにわたしたち大人は、五歳までの出来事を覚えていません。乳児はしゃべることができないし、幼児がことばを正しく発音できるようになるにはある程度の時間がかかります。三歳の子に誕生日に何が欲しいかと尋ねても、おそらく首尾一貫した答えは返ってこないでしょう。だからこそ、子どもの頭の中で何が起きているか、わたしたちにはなかなか理解できないのです。でも、よく考えてみてください。いつも乳幼児のそばにいて、毎日世話をして、彼らをもっともよく理解しているのはいったい誰でしょう？　母親です。母親たちは直観的に、子どもをバカにしてはいけないと知っているはずです。ところがこれまで、母親たちの意見はずっとなおざりにされてきました。非論理的で、感情的で、重要ではないとみなされていました。しかし、子どもに関してたくさんの本を書いてきた男性の心理学者や哲学者たちは、実生活で子どもを育てていません。確かに、まれに例外もいます。自分が四歳や五歳だった時のことを覚えていて、子どものことを理解している男性たちです。たとえば、幼くして孤児になった詩人のワーズワースは、生活費を稼ぐために幼い頃から裕福な家の赤ん坊の面倒を見ていたそうです。『種の起源』で知られるダーウィンも、実の子どもたちをよく観察して、興味深い発見をしています。ですが、彼らはあくまでレアケースにすぎません。

かつて、有名な心理学者には、乳児を単なる「消化器官」とみなす人もいたようですね。さらに二〇世紀末まで、幼い子どもは苦しまないからと、麻酔をかけずに手術をするのが当たり前だったと聞きました。

ゴプニック そのとおりです。今でも「乳児には意識がない」と平気で言う哲学者がいます。わたしの学生時代にも、ある神経科学者が「乳児には大脳皮質がないから刺激に対して反射をしない」と言っていました。そんなに昔のことではありませんよ、わりと最近の話です。

子どもは大人のバカを見抜いているのでしょうか?

ゴプニック　どうでしょうね？　その点はよくわかりません。でも、処理のスピードが異なるふたつの思考方法「システム1／システム2」に当てはめて考えると、一見「バカ」だと思われることが意外と役立っていることがわかるはずです。通常、よく考えずに行動したり、新たに得た情報を考慮せずに判断したりすれば、それは「バカ」と定義されがちです。でも、即座に何かを決断しなくてはならない場合、それほど多くの時間やエネルギーを使って思考したり判断したりできないこともあります。そういう時は、ルーチンにしたがうとたいていはうまくいきます。いちいちゼロから考えはじめるよりずっと便利なやり方です。でも子どもは、たいていはルーチンには頼らず、その都度ゼロから学びながら行動します。わたしがかつて行なった調査によると、子どもは思いついたことや決意したことを、よく考えずにすぐに行動に移します。一方、大人は過去の経験や知識に頼ろうとするので、行動する前に考えすぎて時間がかかる傾向があります。つまり、知性にはまったく異なるふたつの種類があり、相互に補完しあっているのです。確かな経験や知識に頼って思考するのもひとつの知性なら、変化する状況に即座に対応できるのもひとつの知性でしょう。神経科学者はこれを〈探索と活用のトレードオフ〉と呼びます。トレードオフとは、一方を得るともう一方を失う関係性のことです。新しい知識を得ること（探索）と、既存の知識を利用すること（活用）とは、トレードオフの関係にあります。言語の習得をはじめとして、子どもは信じられないほどすぐに新しいことを覚えます。ですから、たとえ学校へ行く前に靴紐を結んだり、コートを着たりするのに時間がかかっているように見えても、新しいことを学んでいるのだからしかたがないのです。

子どもが「お母さんってバカだな」と思うこともあるのでしょうか？

ゴプニック 子どもが大人をどう考えているかについては、多くの研究が行なわれています。子どもは三歳か四歳くらいから、疑うことに利点を見いだすようになるそうです。大人が何かを言うと、子どもは基本的にはそれを信じます。ところが、実はそれが間違っていたということが何回か続くと、もうその大人のことを信用しなくなる。わたしは少し前から十代の少年少女を対象に研究を行なっているのですが、興味深いことを発見しました。若者が大人に反抗したり、自分で物事を決めたがったりするのは、知識を活用したり、批判したり、自己を認めたりできるよう、脳が変化した証らしいのです。

子どもの成長に対する親の過干渉、いわゆる「ペアレンティング」は「バカ」なのでしょうか？

ゴプニック 拙著にも書きましたが、わたしは「ペアレンティング」は「バカ」そのものだと思います。〈探索と活用のトレードオフ〉の法則にしたがうなら、学問は「探索」のほうにより時間をかけるのが望ましいでしょう。たとえば、星がゆっくり移動するのをじっくりと観察することで、学問探究の原動力が得られるのです。その一方で、たとえば救急医療において、患者を迅速に治療しなければならない時は、ルーチンを「活用」するのがよいとされます。逆説的ですが、緊急時に伴う情報の「活用」は、学問的な後退によって可能となるのです。「ペアレンティング」は、今目の前の緊急事態に対して、既製のマニュアルを使って対処するようなものです。これは愚の骨頂です。子どもの成長と親子関係の構築は、学問の探究と同様に、長い時間をかけてゆっくりと自然になされるべきなのです。

インターネットはバカな子どもを作るのでしょうか？

ゴプニック よい質問ですけど、その答えは数年後でないとわからないと思います。わたしは個人的に、インターネットはある意味で子どもの知性を伸ばすのに役立つような気がしています。現在、インターネットはあちこちで槍玉に挙げられていますが、よく知りもしないのに過剰反応しているようにしか見えません。新しいテクノロジーが生まれるといつもそうで、「あれは人間の知性をダメにする」と言う人が必ずいるのです。有名な例では、古代ギリシャ時代、ソクラテスが「記憶力の発達を妨げる」として読書を厳しく糾弾しました。確かにわたしたちは、ホメロスの『イリアス』や『オデュッセイア』をもう暗唱できません。そういう意味でソクラテスは正しかったのですが、読書のおかげでわたしたちが多くのことを得ているのは明らかです。ですから現代の子どもたちも、インターネットのおかげで、新しいテクノロジーに適応した進化形の知性を発達させているかもしれないのです。そのせいで、もしかしたら記憶力は低下するかもしれません。でも、正しい答えがすぐに見つかるなら、あらかじめそれを記憶しておく必要などあるのでしょうか？　クリックひとつで世界中のあらゆる情報が手に入るからといって、それでわたしたちがバカになるとは思えません。

結局、子どもをもっと信頼したほうがよいということでしょうか？

ゴプニック　生物の進化という視点から見て、なぜ子どもが存在するかを考えるべきでしょう。生物は、本能より知識に頼って生きる種ほど、高い知性を備えています。チョウにしても、カラスにしてもそうです。そしてわたしたち人類は、未成熟なまま過ごす期間が、他のいかなる種に比べても最長です。より高い知性を得るために、より多くのことを学ぶために、長い期間子どもでいつづけているのです。その間に、大人になった時に役立つと思われることを習得し、知的になるための努力をしています。他のことは何もしなくてよいのです。どうやって食べていくか、どうやって生きのびるかを心配する必要もありません。そう考えると、わたしたちは子どもをもっと信頼すべきでしょう。この先うまく生きていくための方法を「探索」することこそが、子どもの存在理由なのですから。

自分の中の子どもの部分を認めたがらない大人はバカだと思いますか?

ゴプニック　その点については、すでにあちこちでさまざまな見解が示されていると思います。『ニューヨーク・タイムズ』紙に、「ドナルド・トランプの行動はまるで四歳の子どもだ」と書かれていましたが、それは四歳の子どもに大変失礼な発言でしょう。子どもはみな、新しいこと、おもしろそうなことのすべてに興味を抱きます。ところが成長するにつれて、ものの見方が偏っていって、視野がどんどん狭くなる。仏教の教えで言われるように、多くの大人は、自分の心にとらわれてしまい、私欲に走り、過ぎたことをくよくよと思い悩み、外の広い世界へ目を向けたがりません。そして、「あれが必要だ……これも欲しい……今すぐそれを手に入れるにはどうすればいいだろう?」などと思い悩む。ところが大人は、同じようなことをする子どもをいつも叱ってはいないでしょうか? むしろ自分のほうが叱られるべきことをしているというのに。多くの大人、とくにバカは、自分のことしか考えません。でも、子どもはそうではありません。むしろ、子どもの真似をすることが、バカのよい治療になるのではないでしょうか。

「バカ」をテーマにするという本書の企画を知った人たちはみな、ドナルド・トランプについて書くと思ったようです。

ゴプニック　彼はどこでも話題の中心ですからね。トランプを見ていると、大人は子どもよりずっと自己中心的になりうることがよくわかります。

大人でありながら、心理学者が子どもについて思うあらゆる「バカ」げた部分を兼ねそなえているということでしょうか？

ゴプニック　そういうことです。

インタビュアー：ジャン＝フランソワ・マルミオン

夢とバカの関係

デルフィーヌ・ウディエット

脳研究者、「動機・脳・行動」チーム脳脊髄研究所研究者。記憶と創造性などの認知機能における睡眠と夢の役割を研究している。著書に『わたしたちはどのようにして眠っているの？』（2008年、未邦訳）がある。

壮大なアドベンチャー映画のような夢に憧れる人たちがいる。眠りについた途端、スーパーマンのようにカッコいいヒーローに変身して、架空の街の上空を飛びまわり、恐ろしいモンスターたちを次々と退治する……そう考えるだけでワクワクする。そういう夢を見ている間は、きっとバカげた日常を忘れられるだろう。

ほとんどの夢はありきたり

これまで多くの科学者たちが、すやすやと眠りについている人たちを一時間ごとに突撃……ではなく、やさしく揺り起こし、今どういう夢を見ていたかを尋ねるという実験を行なってきた。その結果……非常に残念なことだが、ほとんどがありきたりで月並みな夢だったという。翌日の食卓で話題にでもしようものなら、聞かされた人は退屈のあまり眠りこけてしまうだろう。アーティチョークの芯を調理する夢、廊下を歩いていたら行き止まりだった夢、自転車選手の妻に夫のドーピングを告げ口する夢……。こうして、男女を問わず幅広い年齢層の夢を何千と収集したところ、次のような結論に到達した。

「九〇パーセントの夢は、内容がきちんと首尾一貫していて、ありがちな話で、リアルで、ドラマ性がなく、非日常的な要素がほとんど出てこない」

つまり、ほとんどの夢は、アドベンチャー映画のシナリオ向きではないようだ。多くの人が

「夢の世界は非現実的」と思いこんでいるが、実際はそうではなかったのだ。どうやらわたしたちの脳は、夢を選別して記憶しているらしい。奇妙で、突拍子もなくて、強い感情を引き起こすような夢は覚えているのに、とくに変わったことが起こらない夢はきれいに忘れさってしまうのだ。

夢にはバイアスがかかっている

わたしたちの夢は、決して現実をそのままコピーしているわけではないが、八四パーセントの夢は自らの記憶の断片によって作られている。そのほとんどが最近経験したことで、そこに昔の思い出がちょこちょこと挟みこまれる。つまり、夢の世界は現実によって作られているのだ。したがって、目覚めている時にバカな人間が、眠っている間だけそうではなくなる可能性はほぼない。

話はこれで終わりではない。実は、夢にはバイアスがかかっているのだ。わたしたちが記憶している夢は、実際に見た夢と同じではない。それはいったいどうしてか？　刺激的すぎて検閲がかかるのか？　荒唐無稽な冒険譚をそのまま現実に置き換えるのが難しいからか？　ただ単に、夢の中での活動の一部、あるいはすべてを忘れてしまうからか？　あるいは、夢の中に知性のかけらが隠れていて、目覚めると同時に流れ星のように消えてしまうからか？　わたしたちは実際はどういう夢を見ているのだろう？　その答えの一部は、ある睡眠障害の症状を観察することで明らかになる。人間が眠っている間は、「レム睡眠」と「ノンレム睡眠」のいずれかの状態にある。レム睡眠の時は、脳が覚醒していて、眼球は激しく動いているが〔急速眼球運動、ＲＥＭと言う〕、筋肉は弛緩している状態だ。夢を見るのはレム睡眠の時が多く、その内容もノンレム睡眠の時に見る夢より複雑で込み入っている。

睡眠障害のひとつ、「レム睡眠行動障害」は、レム睡眠時に筋肉を弛緩させる脳内スイッチが入らなくなった状態だ。この障害の患者は、夢で見ていることをそのまま実際の行動に移してしまう。したがって、患者の寝室に赤外線カメラを設置し、夢を見ている最中の言動を観察すれば、その患者の夢の中身を見ることができる。バイアスがかかっていない状態の夢を知ることができるのだ。すると、いくつかのことが判明した。まず、わたしたちは夢の中で、しょっちゅう見えない敵と戦っているらしい。レム睡眠行動障害の患者の多くは、ライオンの襲撃から逃げ回ったり、こちらへ向かってくるワニを長い棒で押し返したり、サラセン人と勇敢に戦ったりしていた。その一方で、日常的な行動も多く見られた。誘惑に負けてタバコを吸う元喫煙者、部隊に命令したり行進させたりする退役軍人、金槌を使って階段を作っている元大工……。数十年もかけて身についた習慣や能力は、夢のシナリオにしょっちゅう登場する。やはりわたしたちは、眠っている間も日常から逃れるのは難しいらしい。

わたしたちは夢の中で協調性がない下品な人間になる

　バカにもいろいろな種類があるが、そのうちのひとつに「社会性に欠けるバカ」がいる。下品で、ずうずうしくて、協調性がないタイプだ。どうやらわたしたちは、夢の中でこの手のバカになってしまうらしい。ある調査で、二三二人を対象に、睡眠中の寝言で発せられることばの種類を調べたところ、興味深いことが判明した。三六一種類の寝言のうち、「ダメ」または「イヤ」という単語を含むものが全体の二一パーセントもあったのだ。さらに、目が覚めている時にわたしたちが口にする単語に「ダメ」と「イヤ」が占める割合は〇・四パーセントにすぎないが、寝言で発せられた単語に「ダメ」と「イヤ」が占める割合は五パーセントにも上った。わたしたちは夢の中で協調性を失ってしまうのだろうか？　いや、協調性がないどころではない。寝言にはかなり多くの罵詈雑言や下品なことばが含まれているのだ（全体の九・七パーセント）。以下、実際の寝言からいくつかピックアップしてみよう。

「おい、おい、おい！　くそっ、くそっ、くそっ！　ちくしょうっ！」

「あ？　どうなんだよ、バカ」

「うるせえな」

「とっとと消えろ、カス！」

「ビッチ！」

「あいつ、ぶん殴ってやる」

「ケツを出せよ、これでもくらえ！」

だが時には、心あたたまるやさしいことばを発する者もいる。たとえば、女性に向かってこういうロマンティックな寝言を言う男性がいた。

「ねえねえ、みんなからかわいいって言われるだろう？　え、一度もない？　若いイケメンからかわいいって言われたこと、本当に一度もないの？」

だがこの甘い口説き文句も、最後には強烈な一言で締めくくられるのだ。

「きみを口説かないなんて、あいつら、タマキンがないんだな。みんな揃ってホモ野郎に決まってる」

この寝言を発したナンパ男が、夢の中の女性とその後どうなったかはわからない。わかったことはただひとつ。どれほどやさしくて明るくて社会性のある人でも、夢の中では、皮肉や非難をこめた口調で下品で攻撃的なことを言う「社会性に欠けるバカ」になりうるということだ。

わたしたちは夢の中で失敗ばかりしてだまされやすくなる

わたしたちは夢の中で「社会性に欠けるバカ」になるだけではない。「失敗ばかりするバカ」

にもなりうる。かつて、医学を志す七〇〇人の高校生を対象に、大学入学試験前の三カ月間に見た夢についての調査が行なわれた。すると、六〇パーセントが試験の夢を見ており、そのうち七八パーセントが試験に失敗する夢を見ていたのだ。目覚まし時計が鳴らなかったり、試験開始時刻に遅れたり、カンニングが見つかったり、問題の意味が理解できなかったり、問題を解く時間が足りなかったり……ありとあらゆる原因で失敗してしまう。こうした現象は、試験前の学生だけにとどまらない。夢の中でわたしたちが味わう感情は、恐れ（これがもっとも多い）、悲しみ、怒りといった、ネガティブなものが八〇パーセントを占める。事故、病気、トラブルなどのアンラッキーな夢は、ラッキーな夢より七倍も多く見られている。人間関係の夢に限定すると、友人や恋人と楽しく過ごすより、ケンカをしたりいじめられたりといった攻撃的な夢のほうがずっと多い。わたしたちは夢の中で、失敗して落ちこんだり、嫌な思いをしたり、危険な目に遭ったりするばかりで、成功する夢はほとんど見ないのだ。

さらにわたしたちは、夢の中で「だまされやすいバカ」にもなる。めったに見ない夢ではあるが、奇妙なこと、驚くべきこと、ありえないことが起こる非現実的な夢の中で、それらの現象を不思議に思う感覚を失ってしまうのだ。目で見たこと、耳で聞いたことのすべてを、疑うことなくそのまま鵜呑みにする。だから、会社の同僚が中学校の同級生の顔になっても、自宅の居間が突然ダンスホールになっても、ちっとも不思議に思わない。このように、秩序だった思考、自制心、方向感覚、疑念などを夢の中で失うのは、レム睡眠の時の脳の活動のしかたが目覚めている時と異なるせいだと考えられる。とりわけ、論理的な思考をするのにもっとも重要な役割を果たすエリア「前頭前皮質背外側部」が、レム睡眠時には活動していないためだろう。また、夢の中で時々突拍子もないことが起こるのは（親しい人を別人だと思いこむなど）、脳の一部が損傷することで起こる脳神経機能障害の症状と酷似している（右前頭葉や左側頭葉の障害による人物誤認症候群のひとつであるフレゴリ症候群など）。こうしたことは、視覚に関する一部の領域が一時的に動かなかったり、脳内のほかのネットワークと接続されなかったりすることに起因すると考えられる。

バカな夢は現実世界の役に立つ？

前述したように、医学を志す高校生たちの過半数は、大事な入学試験の前に、試験に失敗する夢を見ていた。実はこのネガティブな夢が、実際の試験にはよい影響を与えたらしい。試験に失敗する夢を見た人のほうが、見なかった人たちより合格率が高かったのだ。別の調査結果もこのことを裏づけている。離婚手続き中の女性の夢を調べたところ、離婚に関する夢を見た人のほうが、見なかった人より離婚後の生活に適応しやすく、気分の落ちこみも少なかった。こうした夢は、現実に恐れていることや心配している状況にうまく対応できるよう、一種のシミュレーションの役割を果たしていると考えられる。たとえば、将来感染するかもしれないウイルスから身を守ろうとして、抗体を作るワクチンに例えられるかもしれない。

夢はこうして、未来の不安に備える「バーチャルリアリティ」として役立っているのだが、実はそれ以外にも、現実世界にとって大事な役割を果たしている。わたしたちの記憶の中のネガティブな感情を分析し、その感情を記憶から取り除いて、重要な情報だけを保管する作業を行なっているのだ。カナダの精神科医、トーレ・ニールセンは、夢の役割のひとつとして、不安やトラウマを引き起こすネガティブな記憶の断片を、ニュートラルな状況と組み合わせながら再現することで、その記憶の持つイメージをやわらげることを挙げている。その働きを担うのは脳内のふたつの領域で、脳の奥のほうに位置する「扁桃体」と、前側にある「前頭前皮質内側部」だ。過去の記憶の不安要素が夢の中で再現されると、扁桃体が活性化して恐怖の感情を引き起こす。すると今度は、前頭前皮質内側部がこの不安要素を分析し（その不安要素を別のニュートラルな状況と組み合わせて再現させ、それほど恐ろしいものではないと確認させる）、恐怖をやわらげようとする。ところがこの時、その恐怖の感情が強すぎたり、精神状態が弱っていたりすると、本人が目を覚ますことがある。これが「悪夢」だ。悪夢は、睡眠中に脳が感情を分析する作業が失敗したせいで起こるのだ。

作品や発明にインスピレーションを与える夢

では、ここでクイズをひとつ。数メートル離れたところにふたりの男が立っている。ふたりの目の前には、柵につながれた三頭の牛がいる。突然、柵に電流が流れて牛が電気ショックを受けた！　三頭が飛び上がった。すると、ひとりの男は「三頭は同時に飛び上がった」と言い、もうひとりは「順番に飛び上がった」と主張した。ふたりは言い争いを始め、やがて取っ組み合いになった……さて、どちらの言い分が正しくて、どちらが間違っているのだろう？

なんというバカげたケンカだろう、と、夢から覚めたアインシュタインは思った。だがその後もこのことがずっと頭から離れず、数年後、この夢に着想を得てあの相対性理論を発見したという（諸説あるが）。空間と時間は絶対的ではなく、歪曲されうるということが、この夢のおかげでわかったのだ。つまり先ほどのクイズの答えは、ふたりとも正しかったことになる。夢のおかげで偉業をなし遂げたのは、アインシュタインにとどまらない。小説『フランケンシュタイン』を書いたメアリー・シェリー、ビートルズの名曲『イエスタデイ』を作ったポール・マッカートニー、ミシンを発明したエリアス・ハウ、ベンゼンの構造式を発見したアウグスト・ケクレ、神経伝達物質の役割を発見したオットー・レーヴィ……みな、夢の中で作品や発明のインスピレーションを得たと言われている。夢だからといってバカにしたものではないのだ。

多くの研究によると、わたしたちが目覚めている間に経験したこと（記憶）は、ノンレム睡眠中に脳内で再現され、定着されるという。俳優が台本を読み返しながらセリフを覚えるのと同じ要領だ。そして、これはまだ仮説にすぎないが、それに続くレム睡眠中の夢の中で、記憶の断片をランダムに組み合わせて再構築しながら、目覚めた後で活用できる新しいアイデアを作りだしているのではないかと考えられている。実は、この仮説を裏づける証言がある。夢を見ている間にそれが夢だとわかっていて、今見ている最中の夢のストーリーの一部を自分の意志で変更したことがあるという人がかなり多く存在するのだ。さらにこういう人たちは、夢の中でだけ与えられる不思議なパワーによって、現実世界で抱えている問題に対してクリエイティブな解決策を見いだすこともあるという（数学の難問を解いたり、芸術作品のひな形を作りあげたり……）。

こうして見てきてわかるように、現実世界と夢の世界は密接に結びついている。結局のところ、目覚めている時にバカな人間は、夢の中でもやはりバカ……いや、そうとは言いきれないかもしれない。夢が持つクリエイティブなパワーのおかげで、どんなバカでも天才的なひらめきを得るチャンスがないわけではないのだから。

バカは自分を賢いと思いこむ

ジャン=クロード・カリエール

著述家、シナリオライター。ピエール・エテックス、ルイ・マル、ルイス・ブニュエル、ミロス・フォアマンら多くの映画監督の作品のシナリオを手がける。小説に『マルタン・ゲールの帰還』、『ヴァリャドリード論争』、『嘘つきのサークル』などがある（いずれも未邦訳）。ギー・ベシュテルとの共著『珍説愚説辞典』高橋弘美訳（国書刊行会、2003年）がベストセラーに。

以前、あなたは「バカ」と「愚か」は違うと言っていましたけど、どう違うのでしょう？

カリエール　え、そんなこと言いましたっけ？

言っていましたよ！　もしかして、あれは「バカな発言」でしたか？

カリエール　ははは、そうかもしれません。ええと、そうですね、「愚か」な人の最大の特徴は、傲慢で横柄なところです。堂々と、自信たっぷりに、きっぱりとした口調で、ものすごくバカげたことを言います。でも「バカ」は違います。迷ったりためらったりすることもあります。わたし自身、毎日のように「バカなこと」を言っていますよ。いいえ、わたしだけでなくおそらくみんなそうでしょう。でも、なるべく「愚かなこと」は言わないようにしています。まわりに多大な迷惑をかける恐れがありますからね。たとえば、一部の人間を他の人たちと「区別」するような発言をするのは、バカと愚かのどちらでもありえますが、どちらかといえば愚かでしょう。本当はそうではないと知っている場合が多いからです。一方、「太陽は宇宙最大の天体だ」という発言はバカです。無知からそう言っているだけなので。ただし、そうではない証拠を突きつけられてもまだそう言い張っている場合、それは「愚か」です。あるいは「大バカ野郎」とも言います。でも驚くことに、バカがとても知的なことを言うこともあるんです、どういうわけか。

「愚かさ」とは、「知識」のふりをした「信仰」のことなのでしょうか？

カリエール　場合によってはそうですね。でも、すべてがそうとは限りません。たとえば、カトリックの公会議に参加し、教会にとっての「真実」を決定してきた人たちを、みな愚かだと言うことはできません。彼らはその時代の知識人でしたし、それなりに論理的に思考していましたから。ただし、彼らが主張する「三位一体論」は「愚か」にかなり近いと言えるでしょう。拙著『珍説愚説辞典』〔邦訳：国書刊行会〕における「愚か」の定義に大きな影響を与えたのは、一九世紀初頭のパリ大司教、イアサント＝ルイ・ド・ケルンのことばでした。ナポレオン失脚後、ブルボン家と共に国外に逃亡していた者たちがパリに戻ってきた時、ド・ケルン大司教は彼らをノートルダム大聖堂に集めてこう説教したのです。

「イエス・キリストは神の子であっただけでなく、母親にとってかけがえのない家族でもありました」

なんといういいかげんなことばでしょうか。これは史上最大の愚かな発言です。一九世紀の作家、フローベールは「愚かとは話を締めくくりたがることだ」と述べています。つまり、何かを断言し、それがいつか覆ることを決して認めないことです。わたしたちは絶え間ない変化の中に生きています。知識、思考、感情、感覚、世界についての認識、わたしたち自身……決してずっと同じでいつづけることはできません。ですから、どんなことであっても「これはこういうものだ」と締めくくるのは愚かです。万物は流転するのですから。

それでは、「疑うこと」は、「愚か」や「バカ」に対する解毒剤のようなものと言えるのでしょうか？

カリエール　疑うことは絶対に必要です。科学は疑いつづけることで発展していますから。わたしが一緒に仕事をした科学者たちによると、科学における真実の寿命は一〇年程度なのだそうです。ところが、信仰は決して真実を疑わない。真実を疑わないことが、信仰の大きな特徴とも言えるでしょう。使徒トマスの疑い深さは大罪だったのですから〔トマスはキリストの復活を疑った〕。

「あなたは××を真実とするグループに加入しました。もし不幸にも××を疑うなら、あなたはこのグループから排除されます」

こういうケースでは、多くの場合、ただ排除されるだけでなく抹殺されます。

〈不合理ゆえに我信ず《クレド・クィア・アブスルドゥム》〉（信仰の対象は合理では推し量ることができない）ということでしょうか？

カリエール　それはまた別の問題です。教会にとっての真実、たとえば「三位一体論」（神は「父」と「子」と「精霊」の三つの位格を持つが、実体はひとつである、というキリスト教の教義）は、不条理で非合理的な概念です。ふつうの人間の理性ではこういうことは思いつかない。つまり、真実であるのと同時に非合理的であるからこそ、神の教えとされるのです。ところが、これを真実と決めたのが実際は人間であったことは、すでに忘れられています。かつて、わたしと同世代の熱心なコミュニストに、これに近い状況に陥ってしまった人たちがいました。彼らは、マルクス、エンゲルス、レーニンのことばを学び、それらを真実と教えられました。ところが一九五〇年代、これらのことばに疑いを抱いたせいで、彼らは共産党分派から破門されてしまったのです。疑いは大罪です。破門されて行き場を失った彼らは、大いに苦しみ、悩み……自殺する者さえいました。わたしの知り合いにも自殺した人がいます。歴史上何百人といたはずの、キリスト教グノーシス主義諸派から破門された者たちも同様だったはずです。

時代が移り、文化が変わると、バカな言動そのものも変わるのでしょうか？　それともずっと変わらないのでしょうか？

カリエール　本質的には変わりません……いえ、でも「バカ」の話をする時は気をつけたほうがよいでしょう。つい他人事だと思いがちですが、自分だっていつバカになるかわからないのですから。わたしたちは誰でも、あなたもわたしも、他の人たちもみな、いつどこでバカな言動をしでかすかわかりません。万人に起こりうることです。これは「あの人はバカだけど、他の人たちはバカではない」という問題ではなく、「みんなバカだけど、あの人は他の人たちに比べてバカが目立つ」というだけのことです。誰もがいつでもバカなことをしたり言ったりしかねない。たまたま一部の人が、性格、気質、状況などのせいでバカなことを多くしがちで、他の人たちがなるべくしないよう気をつけているだけのことです。わたしだって、いつバカなことを言いだすかわかりません（ええ、今こうして話している間にも）。でももっとも愚かなのは、自分を頭がよいと思いこむことでしょう。「わたしは世の中のあらゆることを知っていて、すべての人間を理解できて、明白で明晰できちんと整理された考え方ができる」と、信じている人です。「わたしは確実なやり方でこの状況を分析できる自信がある」などと口にする人間は、本物のバカです。それとは対照的に、何をしても自信なさげで、不安そうで、しょっちゅう「わからない」とか「知らない」と言う人……これは先ほどのバカと真逆のところにいる同程度のバカのように思えますが、実はそうとも言いきれません。

自分のバカを認めることが、バカを軽減させる、あるいはバカから脱出することにつながるのでしょうか？

カリエール　そうだとよいのですが、そう断言するのもまた思い上がりでしょう。自分のバカを認めるのは、最低限すべきことです。自分が言ったバカなことに固執する行為は、その発言の内容以上にバカげています。できるだけ物事に対して距離を置いたり、批判精神を持ったり、自分を客観的に見たりすることで、冷静な心の状態を保つことができ、より正しく判断できるようになるでしょう。

その点、今のテレビは最悪です。討論ばかりしていますが、その日に起きたばかりのことさえすぐに論じようとする。非常に軽率で無謀です。二〇一八年五月一日、覆面を被った人たちがデモ行進に参加しました。するとさっそくその日の夜、専門家たちが集まってあれは何だったんだ、と討論を始めたのです。わたしがその場にいたら「わからない」と言うでしょう。ところが会場にいた論者たちは、やれ極右だの、極左だの、やれ右でも左でもないだの、やれプロのアナーキストだの、「破壊屋」だの、侃々諤々とやり合っていました。はいはい、頑張ってやってください、としか言いようがないです。確かに、物事に対して一旦距離を置くのは難しいと思います。とくに、ただちに決断するよう迫られる政治家ならなおさらでしょう。「ボタンを押すか、押さないか？　どうする？」といったことも含めてね。

どんなことにも、そうすべき理由と、そうすべきではない理由が必ずあります。有能な政治家は、距離を置いて物事を眺めて、そうすべきベストなタイミングを見計らうことができます。アルジェリア独立問題の時のド・ゴール将軍がそうでした。ド・ゴールが「独立」と言う代わりに「民族自決」という単語を使ったのは、すでに数カ月前からいつかそう言おうと考えていて、あとはいつ、どのタイミングで言うべきか、熟考した末にあのような形になったのです。決して気まぐれや思いつきではない。でもさすがのド・ゴールも、当時すでにそう言われていたように、自らの発言によって「フランスのアルジェリア」賛成派と反対派の間に起きたことが、あれほどまでに大規模になるとは想像していなかったかもしれません。

さまざまな「愚かさ」や「過ち」を集めた貴著、『珍説愚説辞典』は、一九六五年の初版以来、二〇一四年まで幾度も改訂を繰り返してきました。その間に、「愚かさ」について何が一番大きく変わりましたか?

カリエール　もちろん、情報です。バカげた情報が増えました。わたしも人並みに時々ＹｏｕＴｕｂｅを観るのですが、ニュース映像らしきものもアップロードされています。でも、フェイクなのかリアルなのか、よくわからないものがたくさんあります。たとえば、「謎が解決された!」とされたある動画。それによると、アメリカには宇宙人が多く生息していて、例のマンハッタンの超高層ビルの崩壊は、なんと宇宙人を殺すためにアメリカ政府が指示したものだというのです。過去何世紀もの間、わたしたちには常に情報が不足していました。ところが、今では情報が氾濫しています。それほど昔に遡らなくても、たとえばわたしの祖父の時代でさえ、フランスで田舎暮らしをしているとイタリアで何が起きているのかわかりませんでした。ムッソリーニという名前さえ聞いたことがなかったのです。今なら、世界のどこかで何かが起きれば、どこにいても瞬時に知ることができます。自分でわざわざ調べたり、確認をとったりする必要もない。六〇年代からの変化で、もっとも驚かされるのはそのことです。そしてそのせいで、とてつもなくバカげた情報も広まってしまうのです。政治家にとっても難しい時代でしょう。イエスかノーか、すぐに答えなくてはならないのですから。

今の政治家は、瞬時に返答することを求められるのですね。

カリエール　でも、本当に有能な政治家なら「少し調べたり考えたりする時間が欲しい」と答えるはずです。

「わからない」や「まだわからない」と答える勇気のある人はいるのでしょうか？

カリエール　たまに見かけますよ。いずれにしてもこの現代社会は、どうやって選別したらよいかわからないほど、膨大な情報に埋もれている状態です。今話題の「ビッグデータ」は、わたしたちに関する情報を、こちらが知らないうちに勝手に収集・分析・処理し、企業や団体に提供しているのです。わたしたちが目にする情報には、お金がからんだ広告があちこちに紛れているので、よっぽど注意する必要があるでしょう。自分のことがどこでどういうふうに広まっているか、わかったものではありません。たとえば、誰かがわたしにこう言ったとします。

「きみ、××って言ったんだって？　○○をやったんだろう？」

もしわたしが、そんなことを言ってもやってもいなかったとしたら、こう答えるでしょう。

「全然違うよ。もっとひどいことをした」

そして誰ひとり信じないほどに、話をわざと大げさにしてやるんですよ。

でももしかしたら、こうしてバカげた情報が増えると、わたしたちは疑い深くなり、より賢くなれるのではないでしょうか？　フェイクニュースに何度もだまされることで、より慎重になれるのでは？

カリエール　あなたは「わたしたち」と言いますが、それはどの程度の人数のことを言っているのですか？　わたしはほんの一握りにすぎないと思います。それに、世界の人口は世代交代でどんどん入れ替わっていきます。わたしには五五歳と一五歳のふたりの娘がいるのですが、ふたりともまったく別の世界に住んでいます。習慣も考え方もまるで違う。ですから、わたしがどちらかの娘に何かを言っても、もうひとりの娘にも同じことを言うとは限りません。まあ、ふたりともわたしの話などに耳を傾けないですけどね。

―― 娘さんたちは、「またお父さんがバカなことを言っている」とでも思っているんでしょうか?

カリエール　そうだと思いますよ。あるいは、つまらない話だと思っているかもしれない。わたしは必ず手にペンを握って脚本を書きます。矢印を書きこんであちこちにセリフを飛ばしたり、順序を逆にしたり、文字の上に横線を引いて消したりします。どうやらこうした手作業による執筆は、そろそろ消滅しつつあるようですね。しかしそれでは、作者が最初にどういうセリフを書いて、最終的にどうまとめたか、その履歴をたどることができなくなります。わたしのような著述家にとって、コンピュータで絶対にできないことと言えば、草稿作りです。最初の草稿は、無意識に生まれたものなのでとても貴重です。無意識は必ずしも知的ではないので、その草稿もバカげているかもしれませんが、それでも大事なものです。

今がバカのピークで、これから衰退していくのでしょうか、それともこの状況は今後もあまり変わらないのでしょうか？

カリエール　バカの時代はまだこれからも続きますよ、きっと。映画監督のルイス・ブニュエルが言うように、もし人間の人格の六〇パーセントが悪で、四〇パーセントが善だというのが本当なら、バカな発言や行動（犯罪行為も含めて）はこれからも確実に増えていくでしょう。でも、もし人格における善悪の割合がほぼ半々を保っているとしたら、法律、規則、生活様式、国家体制、社会の構造を整えることで、バカを抑制できるかもしれません。こうした問題は毎日のように論じられていますが、簡単な発言や文章によってすぐに解決できるものではありません。そういえば、こういうスローガンを耳にしたことがあります。

「資本主義をぶっつぶせ」

何の意味もないことばです。何も言っていない。まず、こういう時は使っている単語を定義しなくてはなりませんが、それがまた難しい。なぜなら、たとえば「資本主義」という単語について、まったく同一の定義を持つ人は誰ひとりとしていないからです。この手のスローガンは今に始まったことではなく、他の例を何千と挙げることができます。スローガンはスマートフォンを通じてあっという間に広まりますが、その過程で意味が変わってしまいます。ですから、その単語の裏にどういう意味が隠れているか、わたしたちが見ているものの裏には何が潜んでいるか、常によく考えなくてはなりません。

「バカ」と「悪」は似ているのでしょうか？

カリエール　ええ、似ていますね。ですが、バカは必ずしも悪人ではなく、やさしい善人であることもあります。そして、ヒトラー主義のような「悪」は、必然的に、どう転んでも「愚か」です。しかし、この「悪」には限界があって、やがてもっと巨大な「悪」によって滅ぼされるでしょう。世界を支配していると主張し、一部の民族を排除して絶滅させようとし、三千年紀の第三帝国を台頭させようともくろむ「悪」……これこそがバカの極みです。今まさに現在進行中のバカです。恐ろしいことに、世界でもっとも文明的な民族がこのとんでもないバカにおかされている。とにかく、常に用心していなくてはなりません。流されたり、投げやりになったりしてはいけないのです。たとえば、こうして電話で質問に答えている時でも……。

インタビュアー：ジャン＝フランソワ・マルミオン

バカなことをした自分を許す

ステイシー・キャラハン

心理学者、トゥールーズ第2ジャン・ジョレス大学臨床心理学・精神病理学教授、精神病理学・心理学研究センター（CERPPS）研究者。著書に『自己防衛メカニズムとコーピング』（共著、2018年）、『落ち込むのはやめよう！　インポスター症候群からの脱却』（共著、2017年）、『認知行動療法　基本理論と臨床実践』（2016年）がある（いずれも未邦訳）。

「神でさえ、愚かさには勝てない」

フリードリヒ・フォン・シラー

バカを避けることはできない。わたしたちは人間だからだ。バカは人間が生みだすもので、それに対するリアクションも人間が生みだすものだ。

バカの類語は数限りない。アホ、まぬけ、とんま、おたんこなす、愚か、おっちょこちょい、へま……これらには共通点がある。いずれも「過ち」になりうることだ。たとえば、誰かに他愛ないいたずらをしたつもりでも、その誰かが不快な思いをすれば、それは「過ち」になる。笑ってもらおうと思ってしたことでも、相手に意図が伝わらなければ意味がない。その行為は「バカ」とみなされる。結局のところ、バカげた言動の多くは、まわりの空気を読まずに行なわれているようだ。

無条件の自己受容を求めて

「無限なものにはふたつある。宇宙と人間の愚かさだ。ただし、宇宙についてはそうとは断言できない」

アルベルト・アインシュタイン

わたしたちは不完全で、中途半端で、バカだ。どうしたらそんな自分を受け入れられるだろう？　心理学において、今ブームになっているテーマが「自己受容」だ。その実践方法のひとつ、〈マインドフルネス瞑想〉では、自らの体験を評価せずにただ受け入れることが求められる。別のメソッド、〈アクセプタンス＆コミットメントセラピー〉（ＡＣＴ）では、自分にとって望ましくない要素（自分、他者、環境）を受け入れて、さまざまな方法によって心理的柔軟性を取り戻すよう促される。

〈無条件の自己受容〉（ＵＳＡ）は、アメリカの臨床心理学者、アルバート・エリスによって提唱された。これは、エリス自身が構築した〈理性感情行動療法〉（ＲＥＢＴ）から生まれた概念だが、この療法はのちの〈認知行動療法〉の基礎となっている。[*1]〈理性感情行動療法〉は、ありのままの自分を受け入れることで幸せになろうとする、ストア派哲学者たち（セネカ、エピクテトス）の思想から着想を得た療法だ。エリスは、自らのセラピーを受けるクライアントを観察することで、人間は生まれながらにして自己受容をする傾向があり、それは教育（両親や教育者による）によってより強化されうることを発見した。ただし、こうした自己受容を可能にするには一定の条件を満たす必要があり、その条件は本人の行動（能力）に関わっている。しかし、条件を満たした場合にだけ自己受容をすることを繰り返していると、その人のアイデンティティは行動によってのみ作りあげられてしまう。だが、人間の存在は行動の集合体ではない。「すること」（行動）と「あること」（存在）は決して同義ではないのだ。エリスは、すべての人間は長所と短所の両方を併せ持っており（両者の区別がつけにくいこともある）、個人の「行動」によって人間の「存在」を表すことはできないと主張した。「存在」はよくも悪くもなく、ただ「ある」だけなのだ。[*2]

エリスは、こうした考え方をベースに「存在」と「行動」を分離させ、ありのままの自らを受け入れることを可能にする方法を探求した。人間の行動は確かに評価の対象になりやすいが、それによってその人自身を評価することはできないのだ。これこそが、エリスが定義した〈無条件の自己受容〉の概念である。

セルフ・コンパッションのほうへ

「天才は限界にぶつかることがあるが、バカにはこうした障害はない」

アルベルト・アインシュタイン

つまり、〈無条件の自己受容〉とは、自らの「行動」にとらわれず、自らの「存在」に価値を見いだすことだ。この原則にしたがうと、バカなことをした人は、それだけではバカとは言えないことになる。「バカなこと」は「行動」にすぎないので、その人の「アイデンティティ」

にはなりえない。ただ、たとえ行動は人格を表さないという考え方を受け入れられたとしても、「バカなこと」をしでかした経験を思いだすのは不快で、時にひどい苦痛を感じることもある。だが、それをささいなことと思えれば、すぐに忘れてしまえるし、最悪でも少しの間だけきまり悪さを感じるくらいだろう。のちに笑い話にできるかもしれない。

自分がしでかした「バカなこと」を笑い話にするには、自分自身に同情するとよい。これを〈セルフ・コンパッション〉という。[*3] わたしたちは、他人にはわりと同情しやすいが、「ありのままの自分を受け入れる」のと同様、「自分に同情する」のはなかなか難しい。誰からもやり方を教えてもらったことがないせいだ。

テキサス大学で教育心理学を教えるクリスティン・ネフ准教授は、〈セルフ・コンパッション〉の実践には三つのポイントがあると述べる。[*4] ひとつは、マインドフルネス。現在、心理学で大ブームになっている概念だ。今自らの身に起きていることを、評価や判断を下すことなく意識することで、不安を軽減するのに非常に役立つとされる。これによって、自分が何に苦しんでいるかに気づき、それが一時的なものであると理解できる。ふたつ目のポイントは、自分の人間性を認めること。同時にそれは、自分の人間性によって得られたはずの、多くの人たちとの人間関係を認めることにもつながるだろう。そして三つ目のポイントは、自分自身にやさしくすること。つらい状況にある親友や近親者に対してするのと同じように、自分自身にもやさしくしなくてはならない。

〈無条件の自己受容〉と〈セルフ・コンパッション〉。これらふたつを並行して行なうことで、わたしたちは自分がしでかした「バカなこと」による苦痛から回復しやすくなる。ありのままの自分を受け入れながら、自分に同情することで、わたしたちはより快適な日常生活を過ごせるようになるだろう。

謝罪をすることは素晴らしい

「謝罪は心地よい香りのようなもの。どんなに居心地の悪い瞬間も素晴らしい贈り物に変えてしまう」

マーガレット・リー・ランベック

バカなことをしでかした後のピリピリした空気は、謝罪によってやわらげることができる。例を挙げよう。ディナーに招待された家で、あなたは白いカーペットに赤ワインをこぼしてしまった……ああ、なんて「バカなこと」を！　ホストの顔はひきつり、他の人たちの表情にも緊張が走る。さあ、どうする？　あなたは深く反省し、申し訳なさや責任を感じている。だがこの時、あなたがすぐに「ごめんなさい」と謝罪すれば、その場の空気はやわらぐだろう。うっかりミスによる「バカなこと」は、謝罪によって軽減されうるのだ。

ただし、謝罪をするのはそれほど簡単なことではない。アメリカの心理学者、ハリエット・ゴールダー・レーナーも、著書『こじれた仲の処方箋』〔邦訳：東洋館出版社〕でそう述べている。[*5] レーナーによると、わたしたちが謝罪を行なうべきなのは、自らの行動を反省していて、相手にその気持ちを伝えたいと真摯に願っている時だという。だが謝罪には難易度がある。ちょっとしたミスであれば（初級レベル）、迷惑をかけた相手に反省の気持ちを素直に伝えられるだろう（例：歩いていてぶつかった、説明のしかたが悪かった、グラスを割った、お皿の中身をひっくり返した、など）。この場合、謝罪をするだけで場の空気はやわらぐはずだ。ミスをした自分自身を受け入れつつ（無条件の自己受容）、心からの反省の気持ちを述べることができる。

だが、より重大な過ちをおかした場合（上級レベル）、謝罪をするのはぐんと難しくなる。謝罪の言を述べること自体が間違っているように思えたり、相手との人間関係が壊れてしまう怖さを感じたりするかもしれない。かといって、まったく謝らないのもそれはそれで違うように思えるだろう。まるで、知らない道にうっかり入りこみ、どちらへ進めばいいのかわからなくて途方に暮れているかのようだ。だが、自分自身に対して正直でいさえすれば、きっと進むべき道は見つかるはずだ。

謝罪が相手に届かない理由

「謝罪は人生の瞬間接着剤だ。これでたいていのものは修復できる」

リン・ジョンストン

こちらの謝罪が相手に届かない場合もある。原因は主にふたつ。ひとつは、謝罪のしかたがよくなかったから。もうひとつは、相手がこちらの謝罪を拒否したから。後者の場合、わたしたちはまたしても〈無条件の自己受容〉の実行を余儀なくされる。認めるのはつらいことだが、どれほど真摯に謝罪しても相手に受け入れてもらえないこともありうるのだ。

ハリエット・ゴールダー・レーナーによると、謝罪を相手に受け入れてもらいやすくするためには、いくつかの陥りやすい過ちに気をつけなくてはならないという。

たとえば、「でも」や「だって」などの否定的なことばを使うと、謝罪の気持ちが相手に伝わらなくなる可能性が高い。

「カーペットに赤ワインをこぼしたりして悪かったわ。でも白いカーペットはパーティーには向いてないと思うの」

これは、謝罪とは名ばかりの非難でしかない。

「あらまあ、うっかり手が滑っちゃった。ありえない。本当に信じられないわ」

この言い方では、自分が「バカなこと」をしたと認めていないので、謝っているというより、誰か別の人を非難しているかのようだ。

だが、どれほど真摯に謝罪をしても受け入れてもらえなかった場合、相手に対して不満を感じるかもしれない。

「ワインをこぼして申し訳なかったってちゃんと謝ったのに！　これ以上どうしろって言うのよ？」

この場合、確かにわたしたちにはもうどうすることもできないだろう。相手の失望がおさまるまで、そっとしておくしかない。レーナーはほかにもよくない謝罪の例をいくつか挙げているが、謝罪する際にもっとも重要なポイントは次のとおりだ。

「真摯な反省の気持ちを、相手に対してきちんと述べること。自分自身の当惑に焦点を当てたことばを述べても、それは相手への謝罪にはならない」

自分がしでかした「バカなこと」を認めることで、二度と同じ過ちをしなくなるだけでなく、多くのことを学べるはずだ。ありのままの自分を受け入れられるようになり（無条件の自己受容）、つらい時は自分に同情できるようになり（セルフ・コンパッション）、迷惑をかけた相手に反省の気持ちをこめて真摯に謝罪ができるようになる。「バカなこと」をしたことでこれだけ多くのことが学べるなんて、いったい誰が想像できただろうか。

Column

恥ずかしさを超えて

ステイシー・キャラハン

「愚かさは神から受けた恩恵のひとつだ。だが、濫用してはならない」

教皇ヨハネ・パウロ二世

ヒューストン大学のブレネー・ブラウン教授は、著書『本当の勇気は「弱さ」を認めること』[*1]（邦訳：サンマーク出版）で、わたしたちが「バカなこと」をしでかした時に味わう三つの感情（きまり悪さ、罪悪感、恥）の違いを説明している。

(1)「きまり悪さ」は、ごく短い期間だけ、一時的に感じる場合が多い。時間が経つと単なる思い出に変わり、笑い話になることさえある。

(2)「罪悪感」は、「きまり悪さ」に比べると、本人にとってややつらい感情だ。他人に対して過ちをおかしたと認めているからだ。相手を嫌な気持ちにさせたくはなかったのに、自分がバカなことをしたせいでそうなってしまった。「罪悪感」は、相手に迷惑をかけたことを認めた上で、もう二度と同じことはすまいと決意することだ。そういう意味で、「きまり悪さ」と「罪悪感」はいずれも、バカなことをした後のリアクションとしては比較的よい感情と言えるだろう。

(3)「恥」は、本人にとって苦痛で、有害で、乗りこえるのが難しく、トラウマにもなりうる感情だ。「恥」は、わたしたちの感情面、認知面、心理面にマイナスの影響を与えるのと同時に、自尊心にも大きな弊害をもたらす。ネガティブな記憶がずっと消えずに残りつづけるからだ。

だがブラウンによると、恥に対する適応力の高さ、〈レジリエンス〉(精神的回復力)を備えた人もいるという。〈レジリエンス〉を手に入れるのに必要とされる要素はいくつかあるが、もっとも大切なのは自分自身をよく知ることだ。そうすれば、自分のどこに「恥のスイッチ」があるかがわかり、恥を感じそうな状況をあらかじめ避けることができる。そこには、〈無条件の自己受容〉も大きく関わってくる。恥に対する自分の弱さと向き合うには、自らの弱点や欠点を受け入れなくてはならないからだ。

Column

無条件の自己受容

ステイシー・キャラハン

ありのままの自分を受け入れるという考え方は、わたしたちの心の奥にある信念と相反する。わたしたちは、自らの「能力」の価値と、自分の「人間」としての価値を、同一視する傾向が強いからだ。また、〈無条件の自己受容〉は「自信」と混同されることがある。だが、「自信」ということばの元々の定義は「自分の能力を信じること」なので、時間の経過とともにその能力が衰えれば、「自信」も大きく揺らいでしまう。*1 それに、どれほど努力をしても自分の能力などたいしたことはないと、誰もが遅かれ早かれ気づくことになるだろう。

〈無条件の自己受容〉は、「諦め」、「消極性」、「うぬぼれ」、「エゴイズム」、「怠惰」などと混同されることもある。すべきことをしないための言い訳とみなされるのだ。だが、〈無条件の自己受容〉は、何の努力もしないで「自分には欠点などない」と主張することでは決してない。むしろ逆に、自らの欠点を受け入れ、それによって多くを学び、成長していこうと決意することだ。もちろん、ありのままの自分を快く受け入れる姿勢を維持することが大切だ。

知識人とバカ

トビ・ナタン

心理学者、パリ第8ヴァンセンヌ・サン・ドニ大学名誉教授、民族精神医学提唱者、小説家、外交官。著書に『さまよえる魂』（2017年、未邦訳）、『民族説』（2012年、未邦訳）、『他者の狂気　臨床民族精神医学試論』松葉祥一ほか訳（みすず書房、2005年）などがある。

文化が変われば、バカのタイプも変わるのでしょうか？

ナタン 文化は、バカがバカだとバレないための手段として利用されています。哲学を教えるなど、大勢の前で難しい話をするのもそうです。どんなにバカでも、教養さえ身につければ難しい思想を操れる。そうやってバカがバレないようにしているのです。

ある文化圏でバカで通っている人が、他の文化圏ではそうではない場合はあるのでしょうか？

ナタン どうでしょうね、それはわたしにはよくわかりません。会話を交わしたり、何かを作ったりすれば（本、道具、音楽など）、バカはすぐにバレます。知性の欠如は行動に表れますから。でも、その行動が外から見て文化的であれば、バカを隠せる可能性が高くなります。たとえば、大学の哲学教授のほとんどは哲学者ではありません。哲学史を教えているだけです。「プラトンはああ言った、デカルトはこう書いた」としか言えない。「わたしはこう考える」と、自分の意見をきちんと言える者はひとりもいません。そんなことをしたらバカがバレるからです。哲学史は、知性の欠如を隠すのにうってつけの隠れ蓑です。

―― バカは、他人の文化をかさに着ているのでしょうか？

ナタン バカはいつでもそうです。バカであればあるほど、バカではない振りをしたがります。プライドが高いのでしょうね。だからこそ、身を守るための道具をあちこちで見つけてくるのです。バカ恐るべし、ですね。ラカンによると、バカを精神分析すると、自らの無能を突きつけられるせいで食ってかかってくるそうです。ラカンにしては珍しく、正しくておもしろいことを言ったものです。

―― 心理学者もバカなことを言うことがありますか？

ナタン しょっちゅうです。心理学において、その手のことが流行した時期があります。学生時代、わたしは心理学に関するある調査に参加しました。五〇ミリリットルのアルコールを被験者の静脈に注射して、酔っぱらった男性が胸の大きい女性を好むようになるかどうかを調べたのです。もちろん、研究者の仮説は見事に証明されました。こういうバカげた調査が大学で実際に行なわれ、その結果が「心理学会報」に掲載されたのです。心理学ではこうしたことを五〇年間も行なってきて、その傾向は今も続いています。つまり、「測定フェチ」なんですね。何かしらを測定せずにはいられなくて、だからこそ酒に酔った男の性的嗜好なんかを調べるのです。こんなこと、調査する意味がどこにあるのでしょう? 確かに、今は昔に比べれば少しはマシになったようですが、それもほんの少しにすぎません。第一、何も測定しないとしたら、心理学なんて存続できるのでしょうか? 問題はそこです。この業界では、誰もが何かしらの意見を持たなくてはなりませんが、ただ自分の意見を述べるだけだとバカなのがバレてしまう。でも何かを測定した結果さえ提示すれば、バカがバレにくくなります。だから心理学者は測定せずにいられないのです。これは心理学の宿命ですね。

神経科学でも、この手のバカげたことは行なわれているのでしょうか?

ナタン 近年、神経科学と心理学が結びついたおかげで、心理学にも多少の知性や創造性がもたらされました。ただそれも、まだ絶対的な唯物論がまかり通っていた時代(今となっては驚くべきことですが)までです。その後もその姿勢をつらぬくべきでしたが、科学者たちはそうはしなかった。こうして神経科学も形骸化し、客観性のみを追求するという、他の科学分野と同じ轍を踏むことになってしまったのです。科学はいつもこうです。大きな発見があって一〇年から二〇年くらいは目新しい研究が盛んに行なわれるのですが、やがて息切れして、名誉を求める指導教授たちの言いなりになってしまう。そうなったらおしまいです。新しい創造はなされない。バカの真逆は創造なのです。心理学において最後に創造が行なわれたのはいつだったでしょう？　おそらく七〇年以上も前のことですよ。

――一般的な意味で、今がバカのピークで今後は衰退していくと思いますか？　それともこの状況はしばらく変わらないのでしょうか？

ナタン　もし、民族内で代々継承されてきた宗教、聖典、儀式のような複雑な思想や知識が失われてしまったら、バカは今以上に繁栄するでしょうね。今の時代は、哲学を学ぶ人がいなくなったために、人々がバカなことをしやすくなっている状態です。以前よりバカになったのではなく、むしろましになったはずですが、バカを隠せなくなりました。

――専門知識と専門用語がないと、バカが丸出しになるということですか？

ナタン　そのとおり。うまいことを言いますね。わたしが言いたかったのはまさにそれです。

――あなたとわたしの会話はまさにソクラテス式問答法ですね。ところで、バカに打ち勝つ最善の策はなんでしょう？

ナタン　そんなものはありませんよ。バカと戦うなんてもってのほかです。三十六計逃げるに如かず。わたしも逃げ回ってますよ。大学にはバカの専門用語が飛び交っています。わたしはお人好しで……いや、本当ですって！……まわりから見てもそうだとわかるらしく、すぐに攻撃の対象にされるのです。かつてわたしは、大学は研究と教育のための場だと信じていました。だからこそ、その一員になろうと決めたのです。ところが、ふたを開けたらこのありさまです。ひどいものですよ。それでも大学にいつづけたいと思うなら、とにかく鳴りを潜めているしかない。少しでも目立つことをすれば、すぐにターゲットにされます。出る杭は打たれるのです。バカはバカではない人間を嫌う。もしかしたらわたしもバカかもしれませんが、まわりからバカではないとみなされようものなら必ず攻撃されます。

でもあなたはたくさんの本を書いていますよね。目立ちすぎるのではないですか？

ナタン　本を書くことは、大学の理事会や心理学会に参加するのとは違います。理事会や学会は本当に恐ろしいですよ。まるでハンターの集団です。ハンターほどの計画性はありませんが。

あなた自身は、バカなことをしてしまって、それを長い間悔やんだことはありますか？

ナタン　「過ち」ならおかしたことはあります。でも、それが「バカなこと」だったかどうかはわかりません。バカなこととは、自らがおかした過ちに固執することです。わたしはしょっちゅう同業者から批判を受けるのですが、そういう時は自らの非を認めて謝罪をすべきなのでしょうね、たとえばこういうふうに。

「わたしが間違っていました。精神分析は、これまで創造されたものの中でもっとも素晴らしいものです。わたしは自分の発言を訂正しておわびします」

でも、体面を保つ必要もあるので、なかなかこうはいきません。それでつい自分の意見に固執してしまい、まわりから「バカ」とみなされるのです。年配の同業者に、精神分析にマルクス主義を取り入れようとした人がいます。でも今では、精神分析は時代遅れで、マルクス主義は政策的に破綻しています。それでもそこに固執するなら、バカと呼ばれるのは当然です。一方のわたしは、自身の信念に固執して、民族精神医学をやりつづけました。それが過ちだったかどうかはまだわかりません。

民族精神医学を研究するあなたに対する批判の中で、もっともバカげていたのはどんなものでしたか?

ナタン　最初にわたしを批判したのは、恩師のジョルジュ・ドゥヴルーでした。シャーマニズムに関心を抱いたことを責められたのです。

「シャーマンなどみんな精神病患者だ！　重症患者だ！　きみはやつらのことを何もわかってない！」

でもわたしは、シャーマンが実践するテクニックと彼らが伝承してきた哲学に、大きな興味を抱いていました。それに、シャーマンは伝統的なセラピストなので、学ぶべきことは必ずあるはずだと思ったのです。もしそのテクニックが本物なら、自分たちも真似をしたり、一部を取り入れたり、応用したりして、いったい何が悪いというのでしょう？　もちろん、きちんと理解した上でそうしなければならないことは承知しています。ところが当時、こういう考え方はまわりから批判されました。バカと言われたわけではありませんが、他民族の文化の遅れをあえて放置する卑劣な人間だと思われていました。自分の研究のために彼らを利用していると疑われたのです。今では、わたしをそう非難する者は誰もいません。別の文化圏からやって来た人たちは、わたしたちの介入など必要とせず、自分たちだけで自分たちの思想を守っていけます。そのことをようやくみんなも理解できたのでしょう。異なる文化圏の人たちは自分たちとは違う考え方をするということを、わたしたちは認めなくてはなりません。難しいことかもしれませんが、そうすべきなのです。

今の時代、バカは新しい活躍の場を見いだしたと思いますか？

ナタン　わたしはかつて、直接民主制を実現させようとする熱心な活動家のひとりでした。今、ようやくそれが叶ったのです。ソーシャルネットワーク、つまりＳＮＳです。ここでなら、すべての人間が対等に話ができます。ツイッターを使えば、たとえばマクロン大統領と同レベルの発言力を持てます。まあ、フォロワー数は大統領より少ないかもしれませんが、たとえば大統領に直接自分の考えを伝えることも、相手から返事をもらうこともできます。たぶん大統領はわたしには話しかけてこないでしょうけど、理論上は可能です。でもかつては、こうして直接民主制が実現することで、四分の三の人間がバカだと判明するとは思いもしませんでした。これには本当に驚かされました。

直接民主制のおかげで、人々がより知性を高められるとは思いませんか？

ナタン　全然思いませんね。問題はそこなのです。今こそ、教育現場を見直すべきでしょう。若者をきちんと指導し、創造性を引きだし、複雑な思想を身につけさせ、新しいことを学びたいという意欲を引きださなくては。これこそが、教育者がすべきことです。ＳＮＳの前ではお手上げだと、さじを投げてはいけません。むしろ、今こそ立ち上がらなくては。

若者が知性を求めていないとしたらどうでしょう？　何に対してもスピーディーに、感情的なリアクションをして、またすぐに別の新しい興味の対象に移る……こういうやり方で十分だと思っていたとしたら？

ナタン　感情的なリアクションしかしないのは怠惰な証だと、心理学者たちはよく言います。でも、知性を凝縮したものこそが感情なのです。知的になればなるほど、複雑な感情を抱けるようになります。ですから、知性と感情を対立させるのはもうやめたほうがよいでしょう。知性を磨いた人は、そうではない人に比べてずっと複雑な感情を抱くことができます。だからこそ、「あなたの知性を磨こう！」……いや、失礼、あなたに言ったわけではありませんよ。そういうスローガンを作ればいいのに、ということです。

あなたの主張は受け入れてもらえそうですか？

ナタン　残念なことに、ちっとも。チェスが盛んだった頃はよかったです。チェスはオリンピック種目にも承認されている知的な競技です。筋肉と同じように、脳を鍛えることを要求されます。これはまた、死に直面するゲームでもあります。王手の時のかけ声、「チェックメイト」

の「メイト」はペルシャ語で「死」、つまりチェックメイトは「王は死せり」という意味です。かつて、ゲームにおけるすべての可能性を知っているのは死だけでした。ところが今では、コンピュータもあらゆる可能性を知っている。真実を知っているのは死だけではなくなったので、チェスは時代遅れになったのです。かつて、チェスは決して廃れないと言われていましたが、とうとう誰もやらなくなってしまいました。これは二〇世紀に起きた最大の惨事のひとつです。いずれにしても、知的なのはわたしたちではなく、わたしたちが作った道具です。道具がわたしたちに考えることを強いるのです。わたしたちが作った言語が、わたしたちに考えることを強いる。言語はわたしたちより知的です。認知科学者の主張には反しますが、抽象的な知性などどこにもありません。そんなのは嘘です。間違っている。認知科学者だって、自分たちが作った道具に依存して測定ばかりしているじゃないですか。でも、それが当たり前なのです。そうなって当然です。一定の時間が経つと、わたしたちが作った道具はわたしたちより知的になる。重要なのは、わたしたちもそうした道具と競いつづけなくてはならないということです。このプロセスは人類が地上に現れた時からずっと続いています。今のところはかろうじてもちこたえていますが、いつまで人類が道具より優位に立っていられるかわかりません。もちろんフランス人だけではなく、これは全人類の問題です。

バカがわたしたちの役に立つということはないでしょうか？　バカを更生させる

ことはできず、バカから逃げることしかできないとしても、バカのおかげで何かを学んだり、何かを得たりすることは？　たとえば、バカのおかげでわたしたちは賢くなってはいないでしょうか？　逃げるのがうまくなったり、忍耐強くなったり、寛容になったり、広い心を持てるようになったという意味で……。

ナタン　ええ、確かに、バカはわたしたちの役に立っているでしょう。わたしは四〇年間教壇に立ってきましたが、今では「老害」と呼ばれています。フランスでは一定の年齢以上になると教壇に立つ資格がなくなるようですね。老人の使い道などそのくらいしかないというのに。かつては、自分を教祖のようにあがめる者たち（それもひとつの悲劇です。望んでもいない場所に押しこめられる）や、自分に異議を唱える者たちに立ち向かわなくてはなりませんでした。若い頃は、確かにエネルギーに溢れているかもしれませんが、忍耐力がないせいで、まわりの不理解にひどく苦しみます。イライラしたり、怒ったり、無駄と知りつつ必死に説得しようとしたりする。でも歳をとって、わたしも忍耐力を身につけました。いまやこのバカげた世の中にある種の同情を抱いてますよ。音楽においては、バックグラウンドノイズのおかげでメロディーが際立つことがあります。これと同様にバカも、わたしたちが多少の知恵を身につけるためのバックグラウンドノイズなのかもしれません。

インタビュアー：ジャン＝フランソワ・マルミオン

訳者あとがき

「は？　バカじゃない？」

「ちょっと、バカなことしないでよ！」

「ああ、わたしってホントバカだわ」

　このように、わたしたちは日常的に「バカ」ということばを口にしている（訳者だけだろうか？）。だが、そのことばにはどういう意味があるのか、その定義は何か、深く考えたことがある人はいるだろうか？

「バカといえば、やっぱり『頭が悪い人』じゃないの？」

　皆さんはそう言うかもしれない。だが、「頭の悪い人」とはどういう人なのだろう。学校の勉強ができない人？　ＩＱが平均以下の人？　無知な人？　物覚えの悪い人？　バカげたことを言う人？　では、子供や動物もバカなのか？　他人に迷惑をかけて平気な人はバカではないのだろうか？　高い学歴を誇る知識人や一国のリーダーにも「バカじゃない？」と思う人はいないだろうか？　自分は本当にバカではないのだろうか？

　本書『バカの研究』（原題：*Psychologie de la Connerie*）は、そういう「バカとは何か？」という疑問にさまざまな視点から答えてくれる本だ。バカの事典、バカのマニュアルと呼んでもよいだろう。「バカがテーマだなんて、どうせふざけた本なんだろう？」と、皆さんは思うかもしれない。とんでもない。本書では、二四人の一流科学者、名門大学教授、その道のスペシャリストたちが、*自らの専門知識を駆使して至極まじめにバカを考察しているのだ。すべて書き下ろし、本書でしか読めない文章ばかりだ。そして彼らに執筆を依頼し、インタビュー記事を起こし（全掲載記事のうち一〇本がインタビュー記事）、序文とコラムを書き、一冊にまとめあげた本書の編著者は、フランス有数の心理学雑誌の編集長、ジャン＝フランソワ・マルミオンだ。

「これまで一緒にしごとをしたことがある人、近年の研究で成果を挙げた人、読みやすい文章を書いてくれそうな人たちに声をかけたんだ。国際的に活躍する心理学者を中心に、哲学者や文筆家にも参加してもらい、内容はまじめだけど、一般の人でもふつうにおもしろく読める本を作りたかった」

マルミオンは、あるオンライン文芸誌上でこのように語っている。さらに彼は本書の「はじめに」でこう述べる。

「これほどさまざまなバカがあちこちに蔓延する惨憺たる状況で、こうしてバカを考察してみせると主張するのは、それこそまさにバカげた行為だろう。（中略）だが、誰か勇気のあるバカがチャレンジしなくてはならないのだ。うまくいけば、その試みは笑いものにされる程度で済むだろう」

ところが、ふたを開けてみたら、笑いものにされるどころではなかった。二〇一八年一〇月にフランスで本書が刊行されるやたちまち話題を呼び、わずか一年で八万部を売り上げる大ベストセラーを記録したのだ。その後、アメリカ、ロシア、スウェーデン、韓国など、すでに二〇カ国以上で翻訳出版が決まっている。ビル・ゲイツもファンだという有名心理学者のスティーブン・ピンカーも「われわれにはこういう本が必要なのだ」と、本書を絶賛している。

では、どうして本書はこれほど評価されるのか？　まず、執筆者陣が素晴らしい。全員がすでにそれぞれの専門分野で一般向けの書籍を出版しているだけあって、わかりやすく、簡潔に、読みごたえのある文章を書く力を備えている。第一線で活躍する科学者がほとんどなので、みな同レベルの（非常に高い）知識を持っているのだが、専門分野、経験、感じ方が異なるので、似たような主張でもアプローチのしかたがまったく違う。そしてそれぞれのことばに説得力がある。以下に例を挙げよう。

「平均以上のＩＱの持ち主であっても、バカげた意思決定をすることはある。（中略）合理的知性が低いからだ」（イヴ＝アレクサンドル・タルマン）

「どんなに頭がよくて、物知りで、批判的思考ができても、バカげたことを信じる危険性のない人間などいない」（ブリジット・アクセルラッド）

「知性の高さは、バカになるかどうかとは関係がありません。むしろ、変に頭がよいせいで、

ほかの人たちを見下してバカになることもあります」（アーロン・ジェームズ）
「本物のバカとは、自らの知性に過剰な自信を抱き、決して自分の考えに疑いを抱かない人間のことだ」（認知バイアスとバカ）
「もっとも愚かなのは、自分を頭がよいと思いこむことでしょう」（エヴァ・ドロッダ＝サンコウスカ）
「どんなにバカでも、教養さえ身につければ難しい思想を操れる。そうやってバカがバレないようにしているのです」（トビ・ナタン）

そう、安心してほしい（?）。本書の執筆者は誰ひとりとして、勉強ができない人、無知な人、ＩＱが平均以下な人を、バカとみなしてはいないのだ。ではどういう人がバカなのか？……それはぜひ本書を読んでもらいたい。

本書のもうひとつの魅力、それは構成が見事であることだ。マルミオンはどうやら各執筆者にタイトルだけを提案し、書く内容は個々に一任しているらしい。それにしては全体のバランスがよく、それぞれの記事が有機的に連携していることに驚かされる。人選が的確なのはもちろん、インタビューで相手から興味深い話を巧みに引き出し、不足する情報を適宜コラムで補っているのが効いているようだ。訳者の個人的な意見だが、本書には核となる記事がふたつあるように思われる。ひとつはダニエル・カーネマンの「二とおりのスピードで思考する」

で、もうひとつはライアン・ホリデイの「フェイクニュースを作っているのはメディア自身だ」。カーネマンは、心理学者でありながら、二〇〇二年にノーベル経済学賞を受賞している。彼が共同研究者のトベルスキーと一緒に研究・発表した「認知バイアス」と「（意思決定の）システム1／システム2」については、本書の他の多くの執筆者たちも言及し、それぞれの主張に取り入れている。一方、ホリデイはメディア戦略家で、情報操作のプロフェッショナルだ。彼が本書で赤裸々に暴露するネット情報の嘘については、他の執筆者たちもさまざまな見解を述べている。こうして本書は、「認知バイアス」と「インターネット」という二本の大きな柱によって支えられつつ、「迷信」、「動物」、「子ども」、「夢」、「ダイエット」などのより身近なテーマもちりばめられ、最後まで飽きずに読み進められる構成になっているのだ。

マルミオンは、前述したオンライン文芸誌で「本書の執筆者のなかでもっとも『バカのスペシャリスト』だと思うのは誰?」と問われ、さんざん迷ったあげく、デルフィーヌ・ウディエット、アントニオ・ダマシオ、アリソン・ゴプニック、ライアン・ホリデイの名を挙げている。訳者もほぼ同意見だが（ただし、ここにイヴ＝アレクサンドル・タルマンをつけ加えたい）、皆さんはどう思うだろうか?

ちなみに、執筆者のうちのふたりが「日本人にはあまりバカがいない」旨の発言をしていたのが思いがけなかった。また、バカを論じる多くの執筆者たちの念頭に、某大国のリーダーの姿があるらしいのが大変興味深い。

実は、本書の第二弾、*Histoire Universelle de la Connerie*（バカの世界史）が二〇一九年一〇月に早くもフランス本国で刊行されており、こちらも好評を博している。本書を絶賛したというピンカーがなんと今回は執筆者として参加しており、訳者も未読なので早く読みたくてうずうずしているところだ。

末筆になるが、本書の企画段階から訳者を指導し、鼓舞し、的確なアドバイスを与えてくださった亜紀書房編集者の小原央明氏に心より深謝申し上げる。

最後に、本書の執筆者たちにならって、僭越ながら訳者からも引用を。

「学のあるバカは無知なバカよりもっとバカだ」 モリエール『女学者』

田中裕子

＊原書では30人の執筆者が参加しているが、日本語翻訳版では、フランスの歴史、政治、精神医学界、フランス語の語源などを背景とした、日本の一般読者にはわかりにくいと思われる一部の記事を、原書出版社の了承を得た上で割愛している。

バカなことをした自分を許す

*1　A. Ellis, *Reason and Emotion in Psychotherapy*, Citadel, 1994.（アルバート・エリス『理性感情行動療法』野口京子訳、金子書房、1999年）

*2　A. Ellis, R. A. Harper, *A Guide to Rational Living*, Wilshire Book Company, 1975.（アルバート・エリス『論理療法　自己説得のサイコセラピイ』國分康孝訳、川島書店、1981年）

*3　C. Germer, *L'Autocompassion*, Odile Jacob, 2013.

*4　K. Neff, *S'Aimer*, Belfond, 2013.（クリスティン・ネフ『セルフ・コンパッション』石村郁夫、樫村正美訳、金剛出版、2014年）

*5　H. G. Lerner, *Why Won't You Apologize?: Healing Betrayals and Everyday Hurts*, Touchstone, 2017.（ハリエット・レーナー『こじれた仲の処方箋』吉井智津訳、東洋館出版社、2018年）

恥ずかしさを超えて

*1　B. Brown, *Le Pouvoir de la vulnérabilité*, Guy Trédaniel, 2015.（ブレネー・ブラウン『本当の勇気は弱さを認めること』門脇陽子訳、サンマーク出版、2013年）

無条件の自己受容

*1　H. Chabrol, A. Rousseau, S. Callahan, *Preliminary results of a scale assessing instability of self-esteem*. Canadian Journal of Behavioural Science/Revue canadienne des sciences du comportement, 38 (2), 136-141, 2006.

knowledge in reasoning about false beliefs" Susan Birch, Paul Bloom, *in Psychological Science*, 18, 382-386, 2007.)

*14 D. Dunning, « The Dunning-Kruger effect : on being ignorant of one's own ignorance » *in Advances in Experimental Social Psychology*, 44, 247- 296, 2011.

*15 http://ordrespontane.blogspot.ch/2014/07/brandolinis-law.html

*16 S. Dieguez, « Qu'est-ce que la bêtise ? » *in Cerveau & Psycho*, 70, 84-90, 2015.

*17 S. Blancke, M. Boudry, M. Pigliucci, « Why do irrational beliefs mimic science ? The cultural evolution of pseudoscience » *in Theoria*, 83, 78-97, 2017.

*18 A. Piper, « Pseudorationality », *in* B. McLaughlin et A. Rorty (Eds.), *Perspectives on Self-Deception*, University of California Press, pp. 173-197, 1988.

*19 R. Musil, *De la bêtise*, Allia, 1937.

*20 J. Tosi et B. Warmke, « Moral grandstanding » *in Philosophy and Public Affairs*, 44, 197-217, 2016 ; Crockett, M., « Moral outrage in the digital age » *in Nature Human Behaviour*, 1, 769-771, 2017.

バカげた決定を回避するには?

*1 *Les Décisions absurdes*, Gallimard, 2002. Ont suivi, *Les Décisions absurdes II. Comment les éviter*, Gallimard, 2012, et *Les Décisions absurdes III. L'enfer des règles, les pièges relationnels*, Gallimard, 2018.（クリスチャン・モレル『愚かな決定を回避する方法』横山研二訳、講談社、2005年）

動物に対してバカなことをする人間

*1 A. Jougla, *Profession : Animal de laboratoire*, Autrement, 2015.

*2 Max Milo, 2017.

*3 A.J. Bouglione, *Contre l'exploitation animale*, Tchou, 2018.

*4 M. Bekoff, *Les Émotions des animaux*, Payot, 2009.（マーク・ベコフ『動物たちの心の科学』高橋洋訳、青土社、2014年）

*5 Y. Christen, *L'animal est-il une personne ?*, Flammarion, 2009.

*6 F. Burgat, *L'Animal dans les pratiques de consommation*, Puf, 1998.

*7 M. Gibert, *Voir son steak comme un animal mort*, Lux, 2015.

*8 R. Larue, *Le Végétarisme et ses ennemis. Vingt-cinq siècles de débats*, Puf, 2015.

夢とバカの関係（参考文献）

I. Arnulf, Une fenêtre sur les rêves, Odile Jacob, 2014.

M. Jouvet, *Le Sommeil, la conscience et l'éveil*, Odile Jacob, 2016.

S. Schwartz, *La Fabrique des rêves*, Le Pommier, 2006.

I. Arnulf, *Comment rêvons-nous ?,* Le Pommier 2004.

M. Walker, *Pourquoi nous dormons*, La Découverte, 2018.（マシュー・ウォーカー『睡眠こそ最強の解決策である』桜田直美訳、SBクリエイティブ、2018年）

SNSにおけるバカ

*1 CNRS Éditions, 2018.

*2 *La Société du spectacle*, Folio, 1996.（ギー・ドゥボール『スペクタクルの社会』木下誠訳、筑摩書房、2003年）

*3 https://www.blogdumoderateur.com/twitter-images-engagement/

*4 « Le philosophe masqué » (entretien avec C. Delacampagne, février 1980), *Le Monde*, n° 10945, 6 avril 1980. *Dits et Écrits*, tome IV, coll. « Quarto », Gallimard, texte n° 285

*5 https://www.youtube.com/watch?v=TwluTLBmEkE, consulté le 24 mars 2018.

*6 綴りの誤りも含めてそのまま引用している。

*7 https://www.youtube.com/watch?v=M7trhwLQ3QQ

*8 *Le Bouc émissaire*, Le Livre de poche, 1982, p. 29.

インターネットのせいで人間はバカになる?

*1 Odile Jacob, 2013.

*2 *Les goûts ne se discutent pas*.

バカとポスト真実

*1 A. Farrachi, *Le Triomphe de la bêtise*, Actes Sud, 2018.

*2 S. Dieguez, *Total Bullshit ! Au coeur de la post-vérité*, Puf, 2018.

*3 H. Frankfurt, *On Bullshit*, Princeton UP, 2005.（ハリー・G・フランクファート『ウンコな議論』山形浩生訳、筑摩書房、2016年）

*4 https://en.oxforddictionaries.com/word-of-the-year/word-of-the-year-2016

*5 P. Engel, « The epistemology of stupidity », in M. A. Fernández Vargas(ed.), *Performance Epistemology: Foundations and Applications*, Oxford UP, pp. 196-223, 2016.

*6 A. Roger, *Bréviaire de la bêtise*, Gallimard, 2008 ; voir aussi M. Adam, *Essai sur la bêtise*, La Table Ronde, 2004.

*7 L. Penny, *Your Call is Important to Us : the Truth About Bullshit*, Three Rivers Press, 2005.

*8 B. Cannone, *La Bêtise s'améliore*, Pocket, 2016.

*9 R. Nickerson, « Confirmation bias : a ubiquitous phenomenon in many guises » in *Review of General Psychology*, 2, 175-220, 1998.

*10 O. Hahl, M. Kim et E.W.Z. Sivan, « The authentic appeal of the lying demagogue: proclaiming the deeper truth about political illegitimacy. » *in American Sociological Review*, 83, 1-33, 2018.

*11 K. Stanovitch, « Rationality, intelligence, and levels of analysis in cognitive science: is dysrationalia possible? » in R. Sternberg (Ed.), *Why smart people can be so stupid*, Yale UP, pp. 124-158, 2002.

*12 B. Hofer et P. Pintrich, (Eds.), *Personal Epistemology : the Psychology of Beliefs about Knowledge and Knowing*, Lawrence Erlbaum Associates, 2002.

*13 同様に、頭がよくて論理的に思考する人間にとっても、バカの精神状態がどうなっているかを想像するのは非常に難しい。この現象は「知識の呪い」と呼ばれる。("The curse of

非難する場合と、味方の党員の演説の素晴らしさを称賛する場合のいずれにも使われる。
[*1984*, Gallimard, 1950, P.405]

バカとナルシシズム

*1 *Où en est la psychologie de l'enfant ?*, Denoël, 1983.

*2 DSM-5, *Manuel Diagnostique et Statistique des Troubles Mentaux*, Masson, 2015.

*3 J. Kay, « Toward a clinically more useful model for diagnosing narcissistic personality disorder. » *in Am J Psychiatry*, 2008, 165, 11, 1379-1382.

*4 F.S. Stinson, D.A. Dawson, R.B. Goldstein *et al.*, « Prevalence, correlates, disability, and comorbidity of DSM-IV narcissistic personality disorder: results from the wave 2 National Epidemiologic Survey on Alcohol and Related Conditions. » *in J Clin Psychiatry*, 2008; 69:1033–1045.

*5 J.M. Twenge et W.K. Campbell, *The Narcissism Epidemic*, Atria Paperback, 2009.（ジーン・M・トウェンギ、W・キース・キャンベル『自己愛過剰世界』桃井緑美子訳、河出書房新社、2011年）

*6 E. Russ, J. Shedler, R. Bradley, D. Westen, « Refining the construct of narcissistic personality disorder: diagnostic criteria and subtypes. » *in Am J Psychiatry*, 2008, 165, 11, 1473-81.

*7 C.Lasch, *The Culture of Narcissism*, Norton, 1979. Traduction française: *La Culture du narcissisme. La vie américaine à un âge de déclin des espérances*, éditions Climats, 2000.（クリソトファー・ラッシュ『ナルシシズムの時代』石川弘義訳、ナツメ社、1981年）

*8 D.N. Jones, D.L. Paulhus, « Introducing the short Dark Triad (SD3): a brief measure of dark personality traits. », *Assessment*, 2014, 21, 1, 28-41.

*9 E.H. O'Boyle, D.R. Forsyth, G.C. Banks, M.A. McDaniel, « A meta-analysis of the Dark Triad and work behavior: a social exchange perspective. » *in J Appl Psychol*, 2012;97(3):557-79.

*10 Extrait de l'échelle: « Etes vous un sale con ceritifié ? » Sutton, 2007, version française, 2012（ロバート・I・サットン『チーム内の低劣人間をデリートせよ　クソ野郎撲滅法』片桐恵理子訳、パンローリング、2018年）

*11 C.J. Carpenter : « Narcissism on Facebook: Self-promotional and anti-social behavior. » *in Personality and Individual Differences*, 52, 2012, 482–486.

*12 J.A. Lee et Y Sung, « Hide-And-Seek:Narcissism And "Selfie"-Related Behavior » *in Cyberpsychology, Behavior, and Social Networking*, DOI: 10.1089/Cyber.2015.0486.

*13 S. Casale, G. Fioravanti, L. Rugai, « Grandiose and Vulnerable Narcissists: Who Is at Higher Risk for Social Networking Addiction? » *in Cyberpsychology, Behavior, and Social Networking*, 2016, 19, 8, 510-515.

*14 Pew Research center, October, 22, 2014, http://www.pewinternet.org/files/2014/10/PI_OnlineHarassment_102214_pdf1pdf

*15 E.E. Buckels, P.D. Trapnell, D.L. Paulhus : « Trolls just want to have fun, Personality and Individual Differences », 2014, 67, 97-102.

訳、青土社、2011年）

*3　Flammarion, 2012.（ダニエル・カーネマン『ファスト&スロー　あなたの意思はどのように決まるか？』村井章子訳、早川書房、2014年）

純粋論理批判

*1　PUG, 2011.

なぜ人間は偶然の一致に意味を見いだそうとするのか

*1　フランスの心理学者、アンヌ・アンスラン・シュッツェンベルジェによって、精神分析、心理療法、システム工学をベースに構築された理論。精神や行動における障害や疾患は、先祖の誰かが受けたストレスやトラウマのせいで引き起こされると主張する。

*2　スイスの心理学者・精神科医、カール・グスタフ・ユングによって提唱された概念。「意味のある創造的な偶然」によって引き起こされる、観察者にとって重要な意味を持つ偶然の一致のこと。

バカのことば

*1　Éditions Corti, 2004.

*2　*1984*, Gallimard, 1950, p. 405.（ジョージ・オーウェル『１９８４年』高橋和久訳、早川書房、2009年）

*3　É. Chauvier, *Les Mots sans les choses*, Éditions Allia, 2014, p. 76.

*4　アメリカの哲学者、ハリー・G・フランクファートによると、こうした「真実を顧みない」という特徴こそが、バカの本質そのものだという。(cf. *De l'art de dire des conneries*, Mazarine/Fayard, 2017, p. 46).（ハリー・G・フランクファート『ウンコな議論』山形浩生訳、筑摩書房、2016年）

*5　C. Hagège, *L'Homme de paroles*, Fayard, 1985, p. 202.

*6　*Cf.* J. Dewitte, « La lignification de la langue », *Hermès, La Revue*, 2010/3, n° 58, p. 48-49.

*7　フランスの心理学者、ルネ・ザゾによると、他者の身になって考えられない、他者の視点で自分自身を見ることができないといった特徴は、その人物がバカとみなされる主な要因のひとつであるという。(« Qu'est-ce que la connerie, madame ? », dans *Où en est la psychologie de l'enfant ?*, Denoël, 1983, p. 52).

*8　「バカのことば」や「新語法」は、何よりもまず、付和雷同することばである。ドイツの哲学者、テオドール・W・アドルノによると、こうしたことばを話している間は「実際はしていることをさもしていないように見せかけられる」、つまり、みんなと一緒にめえめえ鳴いているだけなのにそうでないように思わせられるという。(*Jargon de l'authenticité*, Payot & Rivages, 2009, p. 60).（テオドール・W・アドルノ『本来性という隠語　ドイツ的なイデオロギーについて』笠原賢介訳、未來社、1992年）

*9　ある「バカ」が「真にどうしようもないバカ」であると判明した時、つまり「ジョーク」と「バカのことば」を隔てる見えない境界線を越えてしまった時は、いかなる団体でもこれと同様の対応をするだろう。「バカ」という単語は、辛辣な悪口からある種の称賛に至るまで、幅広い意味を持つあいまいなことばなのだ。それは、オーウェルの『1984年』における「ダックスピーク」も同様だ。この単語は相反する二つの意味を持っており、反逆者の演説のやかましさを

*18 P. Rozin, E.B. Royzman, « Negativity bias, negativity dominance, and contagion », *Personality and Social Psychology review*, 5(4), 296–320, 2001.

*19 L. Ross, « The intuitive psychologist and his shortcomings : Distortions in the attribution process », *Advances in Experimental Social Psychology*, vol.10, p. 173-220, 1977.

知性が高いバカ

*1 R. J. Sternberg *et al.*, *Why Smart People Can be So Stupid*, Yale University Press, 2003.

*2 K. E. Stanovich, *What Intelligence Tests Miss : The Psychology of Rational Thought*, Yale University Press, 2009.

*3 S. Brasseur et C. Cuche, *Le Haut potentiel en questions*, Mardaga, 2017.

*4 K. E. Stanovich, R. F. West et M. E Toplak., *The Rationality Quotient : Toward a Test of Rational Thinking*, MIT Press, 2016.

*5 T. Sharot, *The Optimism Bias : A Tour of the Irrationally Positive Brain*, Vintage, 2012.

判事は満腹でいるほうがよい

*1 S. Danziger, J. Levav et L. Avnaim-Pesso, *Extraneous factors in judicial decisions. Proceedings of the National Academy of Sciences*, 2011.

迷信や陰謀を信じるバカ

*1 Puf, 2013, p. 296.

*2 M. Zuckerman, J. Silberman, J. A. Hall, *Personality and social psychology review*, « The Relation Between Intelligence and Religiosity- A Meta-Analysis and Some Proposed Explanations » (trad. « La relation entre l'intelligence et la religiosité »), université de Rochester, août 2013.

*3 H. A. Butler, « Why Do Smart People Do Foolish Things ? Intelligence is not the same as critical thinking and the difference matters », *Scientific American*, 3 octobre 2017.

*4 La Tronche en biais, *Les Lois de l'attraction mentale*, novembre 2017.

*5 J. Stachel, D.C. Cassidy, R. Schulmann(eds.), *Collected papers of Albert Einstein, the early years 1899-1902*, Princeton University Press, 1987.

バカの理論

*1 ロバート・サットンはスタンフォード大学工学部の経営科学教授。マネジメント関連書を多数執筆。著書『チーム内の低劣人間をデリートせよ　クソ野郎撲滅法』(パンローリング、2018年)では、ハラスメント加害者などのバカがひとりもいない職場作りをすべきだと主張している。

人間は決して合理的な生き物ではない

*1 Eyrolles, 2012.（ロルフ・ドベリ『なぜ、間違えたのか？』中村智子訳、サンマーク出版、2013年）

*2 Flammarion, 2012.（キャスリン・シュルツ『まちがっている　エラーの心理学、誤りのパラドックス』松浦俊輔

原注

バカについての科学研究

*1 M. Sidoli, « Farting as a defence against unspeakable dread », *Journal of Analytical Psychology*, 41(2), 165-78, 1996.（マーク・エイブラハムズ『イグ・ノーベル賞　大真面目で奇妙キテレツな研究に拍手！』福嶋俊三訳、阪急コミュニケーションズ、2004年）

*2 http://www.strikemag.org/bullshit-jobs/

*3 R.C. Schank et R.P. Abelson, *Scripts, Plans, Goals and Understanding : an Inquiry into Human Knowledge Structures* (Chap. 1-3), L. Erlbaum, Hillsdale, NJ, 1977.

*4 D.J. Simons et D.T. Levin, « Failure to detect changes to people during a real-world interaction », *Psychonomic Bulletin & Review*, 5(4), 644-649, 1998.

*5 E.J., Langer, « The illusion of control », *Journal of Personality and Social Psychology*, Vol 32(2), 311-328, 1975.

*6 L. Montada et M.J. Lerner, Préface, *in* L. Montada et M.J. Lerner (sous dir.), *Responses to Victimizations and Belief in a Just World*, (pp. vii–viii), Plenum Press, 1998.

*7 Sciencesetavenirs.fr – « TRANSPORTS. Moto fantôme de l'A4 : une Harley peut-elle rouler sans pilote sur plusieurs kilomètres ? », F. Daninos le 21.06.2017 à 20 h 00.

*8 M. Zuckerman, J. Silberman, J.A. Hall, « The Relation Between Intelligence and Religiosity : A Meta-Analysis and Some Proposed Explanations », *Personality and Social Psychology Review*, 17(4):325-354, 2013.

*9 S.T. Charles, M. Mather, L.L. Carstensen, « Aging and emotional memory :The forgettable nature of negative images for older adults », *Journal of Experimental Psychology : General*, 132(2), 310, 2003.

*10 G. Brassens, « Le temps ne fait rien à l'affaire », 1961.

*11 E.J. Langer, « The illusion of control », *Journal of Personality and Social Psychology*, 32(2), 311-328, 1975.

*12 S.E. Taylor et J.D. Brown, « Illusion and well-being : A social psychological perspective on mental health », *Psychological Bulletin*, 103(2), 193–210, 1988.

*13 F. Verlhiac, « L'effet de Faux Consensus : une revue empirique et théorique», *L'Année psychologique*, 100, 141-182, 2000.

*14 D. T. Miller et M. Ross, « Self-serving biases in the attribution of causality. Fact or fiction ? », *Psychological Bulletin*, 82, 213-225, 1975

*15 J. Kruger, D. Dunning, « Unskilled and Unaware of It : How Difficulties in Recognizing One's Own Incompetence Lead to Inflated Self-Assessments», *Journal of Personality and Social Psychology*. 77(6): 1121–34, 1999.

*16 S. J. Heine, S. Kitayama, et D.R. Lehman, « Cultural differences in self-evaluation: Japanese readily accept negative self-relevant information », *Journal of Cross-Cultural Psychology*, 32, 434-443, 2001.

*17 E.R. Greenglass et J. Julkunen, « Cynical Distrust Scale », *Personality and Individual Differences*, 1989.

編者

ジャン＝フランソワ・マルミオン

Jean-François Marmion

フランスの心理学者。心理学専門マガジン『ル・セルクル・プシ』編集長。本書『「バカ」の研究（Psychologie de la Connerie）』はフランスでベストセラーに。シアンス・ユメンヌ社などから心理学関連の著作を多数刊行。編著に、本書と同シリーズの第2弾『バカの世界史（Histoire universelle de la connerie）』、第3弾『美醜の心理学（Psychologie des beaux et des moches）』など。

訳者

田中裕子

たなか・ゆうこ

フランス語翻訳家。訳書にアラン『幸福論　あなたを幸せにする93のストーリー』（幻冬舎エデュケーション）、クリストフ・アンドレ／パトリック・レジュロン『他人がこわい　あがり症・内気・社会恐怖の心理学』（共訳、紀伊國屋書店）、ジャン＝バティスト・マレ『トマト缶の黒い真実』（太田出版）などがある。

「バカ」の研究

2020年7月15日　第1版第1刷発行

編　者　ジャン＝フランソワ・マルミオン
著　者　ジャン＝フランソワ・マルミオン、セルジュ・シコッティ、
イヴ＝アレクサンドル・タルマン、ブリジット・アクセルラッド、
アーロン・ジェームズ、エヴァ・ドロツダ＝サンコウスカ、
ダニエル・カーネマン、ニコラ・ゴーヴリ、パトリック・モロー、
アントニオ・ダマシオ、ジャン・コトロー、ライアン・ホリデイ、
フランソワ・ジョスト、ハワード・ガードナー、
セバスチャン・ディエゲス、クローディ・ベール、
ダン・アリエリー、ジャン＝フランソワ・ドルティエ、
ローラン・ベーグ、アリソン・ゴプニック、
デルフィーヌ・ウディエット、ジャン＝クロード・カリエール、
ステイシー・キャラハン、トビ・ナタン
訳　者　田中裕子
ブックデザイン　小口翔平＋岩永香穂＋千葉優花子(tobufune)
発行所　株式会社亜紀書房
東京都千代田区神田神保町1-32
電話　03-5280-0261
http://www.akishobo.com
振替　00100-9-144037
印　刷　株式会社トライ
http://www.try-sky.com

ISBN978-4-7505-1650-9　C0095
Printed in Japan